Kohlhammer

Theologische Interventionen

Herausgegeben von

Dorothea Erbele-Küster
Volker Küster
Michael Roth

Band 6

Gerd Theißen hat Generationen von Theologiestudierenden und Theolog*innen in Pfarramt und Schule geprägt. Sein Aufsatz zum Wanderradikalismus im Urchristentum (1973) und seine Soziologie der Jesusbewegung (1977) waren Interventionen in der theologischen Forschungslandschaft der BRD post-68. Theißen selbst hat seine Studien in Bezug gesetzt zu diesen gesellschaftlichen Umbrüchen, gleichzeitig wollte er seinen Beitrag aber als konsequente Weiterentwicklung der Form-, Redaktions- und Religionsgeschichte des Neuen Testaments verstanden wissen. Historische Arbeit an einem klassischen Textkorpus und die Bestimmung seines „Sitz im Leben" der antiken Welt und kritische theologische Zeitgenossenschaft gehen für ihn Hand in Hand. Gerd Theißen schreibt hier über die theologische Intervention eines anderen Großen seiner Zunft, Rudolf Bultmann, dessen Entmythologisierungsprogramm er konsequent in die Zeitläufe des deutschen Reiches und die Verstrickungen von Kirche und Theologie in die Nazidiktatur einordnet. Zugleich schreibt er es fort und macht neutestamentliche Theologie sprachfähig für die Krisen und Risiken des 21. Jahrhunderts. Dabei ist eine kleine summa entstanden, die in eine oft kontextvergessene akademische Theologie europäischer Provenienz interveniert. Wir freuen uns, dass wir Gerd Theißen für diesen Beitrag zu den theologischen Interventionen gewinnen konnten.

Die Herausgebenden

Gerd Theißen

Botschaft in Bildern

Entmythologisierung als
theologische Wahrheitssuche

Verlag W. Kohlhammer

1. Auflage 2021

Alle Rechte vorbehalten
© W. Kohlhammer GmbH, Stuttgart
Gesamtherstellung: W. Kohlhammer GmbH, Stuttgart

Print:
ISBN 978-3-17-040972-9

E-Book-Format:
pdf: ISBN 978-3-17-040973-6

Für den Inhalt abgedruckter oder verlinkter Websites ist ausschließlich der jeweilige Betreiber verantwortlich. Die W. Kohlhammer GmbH hat keinen Einfluss auf die verknüpften Seiten und übernimmt hierfür keinerlei Haftung.
Dieses Werk einschließlich aller seiner Teile ist urheberrechtlich geschützt. Jede Verwendung außerhalb der engen Grenzen des Urheberrechts ist ohne Zustimmung des Verlags unzulässig und strafbar. Das gilt insbesondere für Vervielfältigungen, Übersetzungen, Mikroverfilmungen und für die Einspeicherung und Verarbeitung in elektronischen Systemen.

Inhalt

Vorwort 7

I. Das Entmythologisierungsprogramm Rudolf
   Bultmanns 9

II. Ein erneuertes Entmythologisierungs-
    programm 25
    1. Wird die Entmythologisierung dem Mythos
       gerecht? 26
    2. Wird die Entmythologisierung dem Neuen
       Testament gerecht? 38
    3. Wird die Entmythologisierung der Religion
       gerecht? 40
    4. Wird die Entmythologisierung der Wahrheitsfrage
       gerecht? 42
    5. Korrekturen am Entmythologisierungs-
       programm 49

III. Das Gottesverständnis 53
    1. Narrative Rede von Gott 59
    2. Dialogische Rede mit Gott 61
    3. Doxologische Rede von Gott 64
    4. Imperativische Rede Gottes 66
    5. Mystische Rede von Gott 70
    6. Philosophische Rede von Gott 72
    7. Gottesverständnis heute:
       Resonanz und Transparenz der Wirklichkeit ... 79

IV. Das Christusverständnis 83
1. Der historische Jesus 84
2. Der Christusmythos 89
3. Mythische Motive der Präexistenz Jesu 93
4. Mythische Motive des Lebens Jesu 97
5. Mythische Motive der Postexistenz 112
6. Christusverständnis heute:
   Christologie als Form religiöser Erfahrung 119

V. Das Geistverständnis 129
1. Die Gemeinschaft des Geistes:
   Kirche und Religionsökumene 134
2. Die Sakramente: Kirchenmahl und Religionsmahl 135
3. Das Ethos: Gemeindeethos und Universalethos 137
4. Die Eschatologie:
   Präsenz- und Universaleschatologie 139
5. Eschatologie heute:
   Glaube als unbedingtes Vertrauen 143

VI. Trinitarisches Denken
   und interkulturelle Theologie 151

Vorwort

In meiner Schulzeit verschaffte mir Karl Jaspers durch seine Existenzphilosophie den Zugang zur Religion, Rudolf Bultmann durch sein Entmythologisierungsprogramm den Zugang zur Theologie. Dieses Programm erlebte ich als Verheißung, in der Bilderwelt des Neuen Testaments den Weg zum Leben zu finden. Mein neutestamentlicher Lehrer Philipp Vielhauer vertrat die Existenziale Theologie Bultmanns, mein systematisch-theologischer Lehrer Walter Kreck die Dialektische Theologie Karl Barths. Für viele war das eine Alternative. Doch ich konnte mir die Dogmatik Barths frei aneignen, indem ich sie als eine beeindruckende und kreative Neuerzählung der Bibel mit antiautoritärer und universalistischer Tendenz für mich „entmythologisierte".

Damals fragte ich mich: Muss man nicht die ganze Theologie in dieser Weise entmythologisieren? Das Entmythologisierungsprogramm war durch die Existenzphilosophie Heideggers und seine atheistische Fundamentalontologie des „Seins" geprägt. Dieses Problem löste sich durch das Studium von Paul Tillich auf. Denn Tillich deutet Gott metaphysisch als „Sein selbst", den Glauben als „Mut zum Sein". Meine Frage an ihn war freilich: Ist nicht auch Metaphysik überholt? Muss man nicht, inspiriert durch die Entmythologisierung, auch eine kritische Metaphysikhermeneutik entwickeln, um die Rede von Gott zu rechtfertigen? Auch Bultmanns Rede von Gott als „alles bestimmender Wirklichkeit" ist ja eine metaphysische Aussage.

In meinem Bemühen, die Entmythologisierung auf Dogmatik und Metaphysik auszuweiten, wirken Ideen von Karl Jaspers nach. Durch ihn hatte ich gelernt, mythische Chiffren und metaphysische Gedanken nicht als fertige Erkenntnisse zu betrachten, sondern als „Suchprogramme", die auch durch ihr Scheitern zum Ziel gelangen können. Wenn alle menschlichen

Annäherungen an die Transzendenz scheitern, muss man m.E. wie K. Jaspers für die mögliche Wahrheit anderer Religionen offen sein. Entmythologisierung als theologische Wahrheitssuche verlangt einen Religionsdialog.

Wenn ich hier ein erneuertes Entmythologisierungsprogramm vorlege, haben über die Genannten hinaus viele andere Theologen darin Spuren hinterlassen. Jürgen Moltmann inspirierte mich zu dem Gedanken, dass sich der biblische Gott nicht als Sein, sondern als Veränderungsdynamik in der Geschichte zeigt. Paul Ricœur lehrte mich, im modernen „hermeneutischen Konflikt" zwischen Religionsbewahrung und Religionskritik die Bibel als „Botschaft in Bildern" zu verstehen. Wolfhart Pannenbergs Deutung der biblischen Theologie als Universalgeschichte faszinierte mich, war mir aber zu spekulativ, weil sie erst nach dem Ende der Geschichte verifiziert werden kann. Ich suchte schon hier und jetzt in gegenwärtigen Erfahrungen nach Bestätigungen wie Knud Ejler Løgstrup, der in seiner Religionsphilosophie den Glauben in „souveränen und spontanen Lebensäußerungen" begründet. Was sich dabei z.B. als Motivation zum Helfen souverän durchsetzt, ist aber nicht die vorfindliche Natur, sondern ein evolutionärer Schritt über sie hinaus und im Widerspruch zu ihr, wenn sie das Selektionsprinzip in der menschlichen Kultur suspendieren will. Sie erscheint in der Bibel als Verpflichtung, sich für die Verlorenen einzusetzen, damit sie nicht verloren gehen. Dieser evolutionäre Schritt ist für mich ein erkennbares Zentrum in der nur begrenzten von mir überschaubaren Universalgeschichte.

Es wären noch viele Kollegen zu nennen, von denen ich gelernt habe, u.a. Dietrich Ritschl, Wolfgang Huber, Michael Welker, Theo Sundermeier, Manfred Oeming, Peter Lampe, Ulrich Luz, A. Martin Ritter. Zu danken habe ich meiner Frau als erster Leserin dieser Schrift, ferner Volker Küster, Dorothea Erbele-Küster und Michael Roth für die Aufnahme in die Reihe „Theologische Interventionen", Sebastian Weigert für die Lektorierung der Schrift.

Heidelberg / Dezember 2020   Gerd Theißen

I. Das Entmythologisierungsprogramm Rudolf Bultmanns

Rudolf Bultmann veröffentlichte sein Entmythologisierungsprogramm 1941 auf dem Höhepunkt der nationalsozialistischen Machtentfaltung.[1] Kirche und Theologie wurden damals von vielen als überholt betrachtet, Theologiestudierende rechneten damit, die letzten zu sein, die an einer deutschen Universität Theologie studieren konnten.[2] Die *Entstehungsgeschichte* des hermeneutischen Programms führt freilich in die Zeit vor dem Nationalsozialismus zurück, in den theologischen Neuaufbruch nach dem ersten Weltkrieg, die Dialektische Theologie: Sie wollte die Theologie nicht vom Menschen, sondern von Gott aus angesichts einer Krise der Kultur neu begründen. Grundlage sollte das „Kerygma" sein, die Botschaft von Jesus Christus, die den Menschen mit Gott konfrontiert. Die *Wirkungsgeschichte* des Entmythologisierungsprogramms begann aber erst nach dem Zusammenbruch des Nationalsozialismus, als Kirche und Theologie vorübergehend viel Zustimmung erhielten. Der Krieg mit unvorstellbaren Verbrechen rief eine Sehnsucht nach religiöser Orientierung hervor. Die Versuchung war groß, alte Überzeugungen einfach wiederzubele-

---

[1] R. Bultmann, Neues Testament und Mythologie. Das Problem der Entmythologisierung der neutestamentlichen Verkündigung, in: Ders., Offenbarung und Heilsgeschehen, 1941, 27–69 = E. Jüngel (Hg.), R. Bultmann, Neues Testament und Mythologie, 1988. P.-G. Klumbies, Mythos und Entmythologisierung, in: Ch. Landmesser (Hg.), Bultmann Handbuch, 2017, 383–389. Im Folgenden zitiert als „Bultmann Handbuch". Ausführlicher: G. Theißen, Das existenztheologische Programm: R. Bultmann: Entmythologisierung und Zeitgeschichte, in: Texttranszendenz, 2019, 71–86.
[2] So Heinz Zahrnt (1915-2003) in einem sehr persönlichen Gespräch am 13.12.1990 in Heidelberg.

ben. Gegen solche restaurative Tendenzen in Kirche und Gesellschaft weckten das Entmythologisierungsprogramm[3] die Hoffnung auf ein erneuertes Christentum im Protestantismus, im Katholizismus das Zweite Vaticanum (1962-1965) die Hoffnung auf eine sich modernisierende Kirche. Gleichzeitig festigte sich die Demokratie in Westeuropa und in Deutschland. Es gab einen Konsens: Man wollte nach der nationalsozialistischen Katastrophe das Leben durch Vernunft und Humanität erneuern. Im Folgenden stellen wir zunächst das Entmythologisierungsprogramm und seine Entstehungsgeschichte dar. Danach entwickeln wir Überlegungen zur Erneuerung dieses Programms, gegliedert nach den drei Artikeln des Glaubensbekenntnisses: Gott, Christus und Heiliger Geist.

Als Bultmann seine Gedanken zur Entmythologisierung veröffentlichte, beherrschte Adolf Hitler halb Europa. Viele erwarteten nach dem baldigen Ende des Krieges eine dauerhafte nationalsozialistische Herrschaft und für die Bekennende Kirche eine schwere Zeit. In dieser Situation hielt Bultmann drei Vorträge: In „Die Frage der natürlichen Offenbarung"[4] kritisierte er die Geschichtstheologie der nationalsozialistischen Deutschen Christen, im Vortrag „Theologie als Wissenschaft"[5] verteidigte er den Ort der Theologie an der Universität, in „Neues Testament und Mythologie" entwarf er ein Erneuerungsprogramm für die Verkündigung der Kirche, das bis heute fasziniert.

Den Vortrag über die natürliche Offenbarung hatte Bultmann schon vorher im Oktober 1940 in Alpirsbach vorgetragen. In ihm identifiziert er Nationalismus mit Götzendienst, indem er Luthers Diktum „Woran du dein Herz hängst, das ist

---

[3] Vgl. H.W. Bartsch (Hg.), Kerygma und Mythos. Theologische Forschung 1-3, 1948, 1952, 1954.
[4] R. Bultmann, Die Frage der natürlichen Offenbarung, in: Offenbarung und Heilsgeschehen, 1941, 3-26 = GuV II (Glauben und Verstehen Bd. II), 1952 ³1961, 79-104.
[5] Dieser Aufsatz erschien posthum: R. Bultmann, Theologie als Wissenschaft, ZThK 81 (1984) 447-469.

dein Gott" auf ihn anwandte: „Denn wenn heute jemand bekennt: ich glaube an Deutschland", macht er Deutschland zum Gott.[6] Er widersprach damit der *Geschichtstheologie* der Deutschen Christen, die in der Nationalgeschichte Gott am Werk sahen, und gab zu bedenken: Wer weiß, wie man in späteren Zeiten über die gegenwärtigen Siege der Wehrmacht denken wird![7] Die Geschichte offenbare nicht Gott, sondern die Sünde des Menschen.

Der Vortrag über *Theologie als Wissenschaft* im Juni 1941 entsprach dem Thema der Alpirsbacher Tagung: „Die Auseinandersetzung mit den Wandlungen im überlieferten Wissenschaftsbegriff". Er verteidigte die Wissenschaftlichkeit der Theologie.[8] Schon im März 1939 waren die Rektoren der deutschen Universitäten auf den „Abbau der theologischen Fakultäten vorbereitet" worden, der aber am 23. April 1940 bis zum Kriegsende vertagt wurde. Die prekäre Stellung der theologischen Fakultäten war allgemein bekannt. Bultmann wollte mit seinem Artikel demonstrieren, dass Theologie an der Universität ihren Ort hat. Der Artikel wurde damals nicht veröffentlicht.

Der wichtigste Vortrag war: „Neues Testament und Mythologie. Das Problem der Entmythologisierung der neutestamentlichen Verkündigung", der nachträglich ins Programm der Alpirsbacher Tagung aufgenommen wurde. Bultmann hatte ihn vorher bei einer Regionaltagung der „Gesellschaft für Evangelische Theologie"[9] am 21. April 1941 in Frankfurt gehalten und wiederholte ihn auf deren Gesamttagung im Schwarz-

---

[6] R. Bultmann, Die Frage der natürlichen Offenbarung, 4 = GuV II, 80.
[7] R. Bultmann, Die Frage der natürlichen Offenbarung, 15 = GuV II, 92.
[8] Vgl. E. Wolgast, Nationalsozialistische Hochschulpolitik und die theologischen Fakultäten, in: L. Siegele-Wenschkewitz/C. Nicolaisen (Hg.), Theologische Fakultäten im Nationalsozialismus, 1993, 45–79, dort S. 72f.
[9] Gegründet als Gegenreaktion auf die Deutschen Christen am 7./8. Februar 1940. Vgl. K. Hammann, Rudolf Bultmann. Eine Biographie, 2009, 307–319.

wald am 4. Juni 1941. In ihm setzte er wie die Barmer Theologische Erklärung vom 31. Mai 1934 der „natürlichen Offenbarung" den Glauben an Christus als Wort Gottes entgegen. Es begegne im Neuen Testament in mythischer Form, die interpretiert werden muss, damit das Kerygma glaubwürdig ist. Diesen Vortrag veröffentlichte er noch im selben Jahr zusammen mit seiner Kritik an den Deutschen Christen unter dem Titel „Offenbarung und Heilsgeschehen". Er entfaltete seine Wirkung erst nach dem Krieg – weithin unabhängig von dem mit ihm veröffentlichten ersten Vortrag, so dass der zeitgeschichtliche Zusammenhang des Entmythologisierungsprogramms vielen verborgen blieb. Die Kritik an den Deutschen Christen muss aber nach Bultmanns Willen zusammen mit dem Entmythologisierungsvortrag gelesen werden. Das wird noch klarer, wenn man erkennt, dass seine Entmythologisierung ein Gegenprogramm zum hermeneutischen Programm des Göttinger Theologen Emanuel Hirsch (1888–1972) war.

E. Hirsch war damals das Zentrum der „Lutherrenaissance", einer von Karl Holl (1866–1926) inspirierten theologischen Erneuerungsbewegung parallel zur Dialektischen Theologie. In ihr vertrat man die These, dass Luther die Christianisierung der Germanen durch Germanisierung des Christentums vollendet habe. Die Schüler Karl Holls wurden meist Anhänger des Nationalsozialismus, u.a. Emanuel Hirsch, Heinrich Bornkamm, Hanns Rückert, Hermann Wolfgang Beyer, Friedrich K. Schumann, Helmuth Kittel, Erich Vogelsang. E. Hirsch war u.a. als Übersetzer von Kierkegaard hervorgetreten, stand also einer existenzphilosophischen Deutung des Christentums nahe. Er war neben Friedrich Gogarten, einem Vertreter der Dialektischen Theologie, Berater des nationalsozialistischen Reichsbischofs Ludwig Müller.

Der mit E. Hirsch verbundene Tübinger Kirchengeschichtler Hanns Rückert vertrat am 3. Mai 1933 in Tübingen in einer Vorlesung: „Der völkische Beruf des Theologen" die These: „In der Geschichte dieser Wochen und Monate offenbart sich Gott". Er sah in den Deutschen Christen das „Wiedererwachen reformatorischer Frömmigkeit in der Gegenwart"[10]. Rückerts Name steht auch unter einer Erklärung seiner Fakultät vom 11. Mai 1934, den „Zwölf Tübinger Sätzen", in denen Hitler als „Ruf Gottes" verklärt wird. Wenige Tage später verurteilte die Barmer Theologische Erklärung am 31. Mai 1934 genau das als Irrlehre: Neben Christus dürfe es keine anderen Mächte mit Offenbarungscharakter geben. Gegen diese nationalprotestantische Geschichtsdeutung wendet sich Bultmanns Aufsatz: „Das Problem der natürlichen Offenbarung".

Die nationalprotestantische Geschichtstheologie war überzeugt, dass sich der lebendige Gott immer wieder neu in geschichtlichen Ereignissen offenbart. Nur durch sein Wirken in der Geschichte könne sich das Christentum erneuern. Auch die Deutschen Christen waren überzeugt, dass sich das Christentum modernisieren muss und stimmten darin mit einigen ihrer schärfsten Gegner überein. Drei so verschiedene Theologen wie Emanuel Hirsch, Dietrich Bonhoeffer und Rudolf Bultmann traten damals für eine Modernisierung der Theologie ein. Hirsch wollte das ‚Jüdische' aus dem Christentum verbannen, Bonhoeffer die ‚Religion' als Produkt des unmündigen Menschen, Bultmann den wörtlich verstandenen ‚Mythos'. Bonhoeffers Programm war noch unbekannt, bekannt wurden nur die Programme von Hirsch und Bultmann. Bultmanns Entmythologisierung war also ein Konkurrenzprogramm zum hermeneutischen Erneuerungsprogramm der Deutschen Christen, insbesondere zu Hirschs Deutung des Osterglaubens.[11]

Hirsch sah als Errungenschaft der historischen Forschung die Erkenntnis an, dass Jesus ein Überwinder des jüdischen Gesetzes sei. Dass Jesus Nachfahre eines Nichtjuden sei, galt ihm

---

[10] H. Rückert, Das Wiedererwachen reformatorischer Frömmigkeit in der Gegenwart, in: Deutsche Gegenwart und ihre geschichtlichen Wurzeln, Öffentliche Vorträge der Universität Tübingen 1933, veröffentlicht 1934.
[11] Vgl. A.v. Scheliha, Bultmann und Emanuel Hirsch, in; Bultmann Handbuch, 98–101, vgl. S. 100: E. Fuchs hat nach dem Krieg bezeugt, dass der Anstoß zur Entmythologisierung von außen kam.

als wahrscheinliche Hypothese. Die Befreiung der neutestamentlichen Botschaft von seinem jüdischen Ursprung war sein hermeneutisches Programm, das er mit einem theologischen Modernisierungsprogramm verband. Das Christentum sah er seit der Aufklärung in einer „Umformungskrise", in der sich traditionelle Gewissheiten auflösten: der Glaube an den Sohn Gottes, der Sühnetod Christi, die leibliche Auferstehung und Himmelfahrt. Zum Osterglauben veröffentlichte er 1940 ein allgemeinverständliches Buch: „Die Auferstehungsgeschichten und der christliche Glaube" mit einer modernen Deutung von Ostern. In subjektiven Visionen seien die Jünger mit Gottes Ewigkeit konfrontiert worden, hätten dadurch neues Leben und Vergebung von Schuld erfahren. Bultmann hat 1940 dieses Buch rezensiert.[12] Es war wahrscheinlich der Anstoß dafür, seine abweichenden Gedanken zur Entmythologisierung zu veröffentlichen. Manche Gedanken Hirschs mussten ihn an sein eigenes Programm erinnern. Auch Hirsch nannte den Mythos ein Hindernis für das Verstehen der Botschaft des Neuen Testaments. Nach dem „Zusammenbruch von Ostermythus und -legende"[13] wollte auch er den „wahren Osterglauben" formulieren. Er vereinigte in seinem Denken eine liberale antiautoritäre Theologie mit einer autoritären politischen Ethik. Das machte ihn zum führenden nationalsozialistischen Theologen. Er schrieb:

> Das offne Eingeständnis, dass wir hinsichtlich der Auferstehung Jesu den alten kirchlichen Glauben als Mythus und Legende durchschauen, findet somit nichts, das noch wahrhaft stünde und erst einzureißen wäre. Wohl löst es den christlichen Glauben von der letzten Verquickung mit dem Weltbild des mythischen Zeitalters ... Die Ewigkeitshoffnung selbst wird dadurch nicht angetas-

---

[12] E. Hirsch, Osterglaube. Die Auferstehungsgeschichten und der christliche Glaube, 1988; R. Bultmann, Rez. Emanuel Hirsch: Die Auferstehungsgeschichten und der christliche Glaube (1940), ThLZ 65 (1940) Sp. 242–264, in: R. Bultmann, Theologie als Kritik, 2002, 389–394.

[13] E. Hirsch, Osterglaube, 125.

tet, denn sie hängt – und das wäre das *Weitere*, das hier zu bedenken ist – in dem, was sie lebendig macht, nicht von der zerstörten mythischen Bildhaftigkeit und scheinbaren Faßlichkeit ab. Ihren eigentlichen Gehalt empfängt sie ja für den Christen nicht aus irgendwelchen Bildern und Begriffen, sondern aus der Gewißheit der göttlichen Liebe, welche das Evangelium im Herzen zu erwecken vermag.[14]

Bultmann stimmte in seiner Rezension E. Hirsch darin zu, dass die Bilder des Neuen Testaments von der Auferstehung Jesu und seiner Erhöhung „Mythologie" seien, aber hielt daran fest, dass in diesen Bildern ein eschatologisches Handeln Gottes verkündigt wird:

> Die kirchliche Predigt trägt uns keinen Mythos vor, aber wenn sie einen – für uns infolge der Überlieferung fast unerkennbar gewordenen – Vorgang als das entscheidende Handeln bezeichnet, so deckt sie damit zugleich unser eigenes Sein auf, und wir sind gefragt, ob wir glauben oder nicht. Die Aufgabe der Osterpredigt würde ich also darin sehen, das eschatologische Handeln Gottes so zu explizieren, dass der Hörer dadurch seinen Sinn wirklich aufgedeckt sieht und so zu einer echten Entscheidung kommen kann.[15]

Bei Hirsch ist der Sinn des Osterglaubens eine Begegnung mit der Ewigkeit schon hier und jetzt im Inneren des Menschen. Er öffnet das *Erleben des Menschen* für die Transzendenz. Bei Bultmann bezeugt er dagegen *Gottes Handeln*. Für Hirsch geht es um ein verändertes Erleben der Wirklichkeit, bei Bultmann um eine Veränderung der Wirklichkeit, die sich in einer ‚Entscheidung' des Menschen durchsetzt. Dennoch hat Bultmann Mühe, sich von Hirsch abzugrenzen. Dass er sich auch im „Entmythologisierungsvortrag" mit Hirschs Osterdeutung auseinandersetzt, auch wenn er sie nicht nennt, geht m.E. daraus hervor, dass er zwar am Anfang viele mythische Vorstellungen nennt, die man entmythologisieren müsse, sich dann aber auf Kreuz

---

[14] E. Hirsch, Osterglaube, 102.
[15] R. Bultmann, Rez. Emanuel Hirsch, in: R. Bultmann, Theologie als Kritik, 2002, 394.

und Auferstehung konzentriert. Dass er Hirsch nicht beim Namen nennt, ist verständlich: Die Anhänger der Bekennenden Kirche hätten ihn in dessen Nähe gerückt. So geschah es auch: Hans Asmussen meinte, man müsse die Gedanken seines Entmythologisierungsaufsatzes genauso bekämpfen wie die Deutschen Christen.[16]

Das dritte Erneuerungsprogramm in dieser Zeit war Dietrich Bonhoeffers Programm einer unreligiösen Interpretation des Christentums. Bonhoeffer wollte mit ihr weder das Judentum noch den Mythos überwinden, sondern die „Religion". Religion war für die Dialektische Theologie ein Versuch des Menschen, sich Gott zu nähern. Dagegen setzte sie die These, dass Gott nur in seiner Offenbarung erkannt werden kann. Bonhoeffer versuchte dieser Offenbarungstheologie den autoritären Anspruch zu nehmen: Sein Programm eines „religionslosen Christentums" zielt darauf, den Glauben mitten im aktiven Leben zu verorten, nicht dort, wo Menschen mit ihren Kräften scheitern. Der Glaube soll Menschen mündig und stark machen. Er soll erkennen, dass Gott in Christus in dieser Welt schwach ist. Menschen müssen ihm in seiner Not beistehen, indem sie sich für andere einsetzen. Kirche soll „Kirche für andere" sein. Diese Gedanken skizzierte Bonhoeffer in seinen Briefen aus der Haft, die 1951 unter dem Titel „Widerstand und

---

[16] E. Jüngel berichtet in seiner Einleitung zu: R. Bultmann, Neues Testament und Mythologie, 8, über Stellungnahmen aus der Bekennenden Kirche, die sich im Nachlass von Ernst Wolf fanden. „Während auf einem Berliner Generalkonvent sogar bedauert wurde, ‚daß das Papier der BK für derartige Veröffentlichungen zur Verfügung gestellt' worden sei, Hans Asmussen den Thesen Bultmanns ‚nicht anders ... als den Irrtümern der Deutschen Christen' zu begegnen forderte und Hans Joachim Iwand den Text sogar als ‚Erscheinung von Senilität' diagnostizieren zu müssen meinte, schrieb Dietrich Bonhoeffer: ‚Große Freude habe ich an dem neuen Bultmannheft. Mich beeindruckt die intellektuelle Redlichkeit seiner Arbeiten immer wieder'."

Ergebung" herausgegeben wurden.¹⁷ Erst damit begann ihre Wirkungsgeschichte.

Die Geschichtstheologie des Nationalprotestantismus war zum Scheitern verurteilt, weil sie ethnozentrisch war, als offenbare sich Gott in der deutschen Geschichte mit Höhepunkt in der Reformation. Sie wurde durch Antisemitismus kompromittiert: Nationalistische Träume von einem homogenen Volk neigen fast immer dazu, abweichende Minderheiten zu diskriminieren. Nach 1945 entstand eine neue Geschichtstheologie im Umkreis von Gerhard v. Rad, der gegen nationalsozialistische Christen das Alte Testament als jüdisches Erbe verteidigt hatte. Das Alte Testament spürt Gott in der Geschichte nach. Wolfhart Pannenberg entwickelte daraus ein betont universal- und nicht nationalgeschichtliches Konzept. Christus ist für ihn als Vorwegnahme des Weltendes in Kreuz und Auferstehung der Schlüssel zur Universalgeschichte.¹⁸ Wenn schon Geschichtstheologie, dann musste es die Universalgeschichte sein, in der sich Gott offenbart.

Halten wir fest: Bultmanns hermeneutisches Programm war Teil einer Unruhe, die damals den ganzen Protestantismus einschließlich der „Deutschen Christen" erfasst hatte. Alle suchten nach einer Neuinterpretation der Bibel. Alle hermeneutischen Konzepte waren „exorzistische Hermeneutiken", die im christlichen Glauben etwas überwinden wollten: Judentum, Mythos oder Religion.

Die Austreibung des Jüdischen aus dem Christentum verkennt, dass der urchristliche Glaube eine Variante innerhalb des jüdischen Glaubens ist. Dieses hermeneutische Programm hat das Gift des Antisemitismus verbreitet. Es wurde mitschuldig am Holocaust. Hirschs These, dass sich das Christentum seit

---

[17] D. Bonhoeffer, Widerstand und Ergebung. Briefe und Aufzeichnungen aus der Haft, 1951.
[18] W. Pannenberg u.a., Offenbarung als Geschichte, 1981; W. Pannenberg, Hermeneutik als Universalgeschichte, in: Ders., Grundfragen systematischer Theologie, ³1979, 91–122.

der Aufklärung in einer Umformungskrise befindet, ist dennoch richtig.[19]

Die Austreibung der Religion aus dem Christentum bei Bonhoeffer überzeugt nicht in einer Zeit des intensivierten interreligiösen Dialogs. Voraussetzung für diesen Dialog ist, dass man andere Religionen als Gesprächspartner akzeptiert. Unabhängig davon weisen seine Gedanken über die Mündigkeit des Glaubens und eine Kirche „für andere" in die Zukunft.

Auch eine Austreibung des Mythischen aus dem christlichen Glauben ist nicht möglich, denn die Bilderwelt der Religion ist mythisch. Deswegen ist wichtig zu sehen: Bultmann wollte den Mythos nicht eliminieren, sondern interpretieren. Er suchte in seinen Bildern eine verborgene theologische Weisheit: Wir werden durch sie mit etwas konfrontiert, was unsere Lebenswelt transzendiert. Das Entmythologisierungsprogramm ist insofern nach wie vor aktuell, auch wenn man seine exorzistische Tendenz nicht teilt. Wir sollten die mythische Bildersprache der Bibel lieben, uns aber frei zu ihr verhalten.

Bultmann sah das Problem sowohl in einem überholten dreistöckigen mythischen *Weltbild* aus Himmel, Erde und Unterwelt als auch in einem mythischen *Geschehen*, das sich in der Inkarnation einer Gottheit vollzieht, die nach ihrem Tod über alle Mächte erhöht wird. Menschen werden durch Glauben und Sakramente in dieses Drama einbezogen. „Erledigt" sei der Wunder-, Geister- und Dämonenglaube, ferner Apokalyptik, Sühnetod, Sakramentsmagie, der Glaube an die leibliche Auferstehung und ein Menschenbild, das den Menschen als Spielball fremder Mächte sieht. Wo aber fand er trotzdem in all diesen Bildern den Weg zur „eigentlichen Existenz"? Bleibende Geltung hat für Bultmann das Kerygma als Wort Gottes. Es ist ein schöpferisches Wort, das den, der von ihm ergriffen wird,

---

[19] Oft betrachtete man das Alte Testament als überholte Vorstufe zum Christentum. F.D. Schleiermacher wollte es dem Neuen Testament als Anhang hinzufügen. In seiner Nachfolge steht A.v. Harnack, Marcion das Evangelium vom fremden Gott, 1921, ²1924, 217.

mit Christus dem Nichts aussetzt und ihn mit Christus in ein neues Leben ruft. Es zerstört das Vertrauen auf Status und Werke, Herkunft und Erfolg und reißt den Menschen aus seiner Welt durch „Entweltlichung" heraus. Dabei geschieht eine *creatio ex nihilo:* Jesus ist aus dem Nichts des Todes ins Kerygma auferstanden, d.h. er begegnet als das Wort Gottes, das die Macht hat, Menschen neu zu schaffen. Weil die Beziehung des Menschen zu Gott durch das Wort bestimmt ist, kann man von Gott nicht wie *über* eine Sache oder einen Abwesenden sprechen, sondern nur *zu* ihm oder *aus* ihm heraus.[20]

Die Verkündigung des historischen Jesus gehört nach Bultmann nicht zu diesem Wort Gottes. Doch hatte er 1926 ein Buch über Jesus veröffentlicht, in dem er dessen Botschaft nicht nur historisch darstellt und konsequent ins Judentum einordnet, sondern als Ruf zur eigentlichen Existenz deutet. Aber schon damals war er der Meinung, entscheidend sei nicht, was der historische Jesus zu seiner Zeit gesagt und getan hat, sondern was Gott durch dessen Geschick den Menschen zu allen Zeiten sagen will. Dieses Wort Gottes hat bei Bultmann eine historische, existenzielle, transzendente und kirchliche Dimension.

In seiner *historischen Dimension* berühre das Kerygma in Jesus nur punktuell diese Welt. Mehrere Motive liegen dieser Reduktion zugrunde: Erstens gehört der historische Jesus für Bultmann nur *zur Vorgeschichte des Kerygmas.* Jesus habe das Gesetz gepredigt, vergleichbar den Propheten des Alten Testaments; erst mit dem Glauben an Kreuz und Auferstehung beginne christliche Theologie mit Kritik am Gesetz. Zweitens soll die unbedingte Zuversicht des Glaubens nicht von den *Hypothesen* der Exegeten abhängen. Drittens erfahren wir in der *Geschichte* nicht Gott, sondern unsere Ferne von Gott. In der Zeit der NS-Diktatur kam möglicherweise ein heimliches viertes Motiv hinzu. Viele „Deutsche Christen" behaupteten, Jesus sei arischer Herkunft gewesen und habe seine Anhänger aus dem Judentum herausgeführt. Indem Bultmann die Frage nach dem

---

[20] R. Bultmann, Welchen Sinn hat es von Gott zu reden? GuV I, 26–37.

historischen Jesus für theologisch unwichtig erklärte, wurde die Frage, ob er jüdischer oder arischer Herkunft sei, irrelevant. Auch wenn der historische Jesus für Bultmann also theologisch nur eine geringe Bedeutung hat, war ihm wichtig, ihn im Rahmen des Judentums zu verstehen. Jesus war für ihn ein Jude.

Entscheidend war für Bultmann die *existenzielle Dimension* des Kerygmas: Sein Ursprung liegt im Jenseits und hat deshalb die Kraft, das menschliche Leben zu verändern. Dieses Ziel entspricht der transzendenten Herkunft des Wortes. Nach existenzialistischem Verständnis hat der Mensch kein vorgegebenes Wesen, sondern ist das, wozu er sich durch Entscheidung bestimmt. Er ist in seinem eigentlichen Kern gegenüber der Welt genauso transzendent wie das Wort Gottes. Bultmann teilt das existenzialistische Menschenbild, das sagt: Im Dasein ist ein Imperativ enthalten, den jeder nur für sich beantworten kann. Er soll nicht nur leben, sondern „eigentlich" leben. Was aber „eigentliches Leben" ist, hängt von seiner Entscheidung ab.

Die existenzielle Wirkung des Kerygmas entspricht seiner *transzendenten* Herkunft. In der existenziellen Suche nach einem erfüllten Leben war für Bultmann die Frage nach Gott verborgen. Der Mensch beantwortet sie durch sein „Selbstverständnis", d.h. durch die Art und Weise, wie er sein Leben versteht und führt. Im Unterschied zum existenzialistischen Selbstverständnis kann der Mensch sein wahres Leben aber nicht „eigenmächtig" verwirklichen, sondern nur als Geschenk Gottes empfangen, zu dem er sich in einer Entscheidung bekennt. Dass wir im Zentrum unseres Daseins abhängig sind, sei im Neuen Testament in mythischer Form zum Ausdruck gebracht worden, d.h. in Aussagen über jenseitige Mächte und Ereignisse. Der apokalyptische Dualismus zwischen alter und neuer Welt sei z.B. der mythische Ausdruck einer Entscheidungssituation zwischen zwei Existenzformen. Schon Paulus und Johannes hätten die Enderwartung auf eine gegenwärtige

Entscheidung gedeutet, so dass eine existenziale Deutung des Mythos im Neuen Testament beginne.[21]

Auch die *kirchliche Bedeutung* der Bibel ist für Bultmann als Grundlage der Verkündigung wichtig. Dabei interessiert Bultmann weniger die sichtbare Seite der Kirche, ihre Riten und Sakramente. Die Ökumene ist kein Thema für ihn. Die Ethik überlässt er der Vernunft des Einzelnen. Sein hermeneutisches Programm ist für die Kirche wichtig, weil es die Autonomie des Glaubens verteidigt. Weder seine soziale Funktion in der Gesellschaft noch seine Bedeutung für unser Weltverständnis oder seine emotionale und motivationale Wirkung im Leben legitimieren den Glauben, sondern allein, dass wir zu Gott eine Beziehung aufnehmen aufgrund der Selbstevidenz seines Wortes in der Verkündigung. Denn in diesem Wort begegnet Gott selbst. Anders als manche radikalere Offenbarungstheologie sah Bultmann den Menschen jedoch schon immer von der Frage nach Gott bewegt, auch dort, wo er mit dieser Frage scheitert.

Man kann sich diese „natürliche" Beziehung des Menschen zu Gott an folgendem Gleichnis klarmachen. Viele haben in Kriegs- und Nachkriegszeit ihren Vater gesucht. Alle Spuren, die er hinterlassen hatte, waren wertvoll, jede direkte und indirekte Nachricht von ihm. Oft scheiterte diese Suche. Ungewiss wurde, ob er noch lebte. Aber als er schließlich selbst begegnete, verblassten alle Spuren, die vorher auf ihn wiesen.

---

[21] Bultmann unterscheidet Judentum und Christentum als *lex* und *evangelium*. Das jüdische Existenzverständnis wird zum Paradigma des *homo religiosus*, der sich sein Leben selbst verschaffen will. Dieselbe Haltung findet Bultmann im griechischen Stolz auf die Weisheit und im Leistungsstreben des modernen Menschen. So mit Recht K. Hammann, Bultmann und das Judentum, in: Bultmann Handbuch, 161–167. Charakteristisch ist Bultmanns Einstellung zum Alten Testament. Er betrachtet es einerseits als ein Dokument des Scheiterns, weil es das Heil in irdischen Gegebenheiten sucht. Andererseits kann Bultmann den alttestamentlichen Gottesglauben als Entdeckung von Transzendenz und Geschichtlichkeit sehr positiv würdigen. Vgl. M. Oeming, Bultmann und das Alte Testament, in: Bultmann Handbuch, 301–307.

Nichts kann die direkte Begegnung mit ihm ersetzen. Ohne das Scheitern der Suche nach ihm wäre die Begegnung mit ihm nicht so überwältigend. Vergleichbar deutet Bultmann die Beziehung zu Gott: Die Suche nach der wahren Existenz des Menschen weist auf Gott, auch wenn diese Suche scheitert. Erfüllung bietet allein die Begegnung mit ihm in seinem Wort. Diese Begegnung soll nicht dadurch verhindert werden, dass sie sich im Neuen Testament in mythischen Bildern vollzieht.

Zur Zeit Bultmanns hatte die Dialektische Theologie die Autonomie des Glaubens entdeckt, mehr als hundert Jahre vorher F.D. Schleiermacher: Zwischen Metaphysik und Moral sei Religion als Anschauung und Gefühl des Universums eine autonome Region im Menschen – unabhängig von Metaphysik und Moral.[22] Man kann die Autonomie der Religion wie Bultmann offenbarungstheologisch „von oben" oder wie Schleiermacher erfahrungstheologisch „von unten" begründen. Beides ist vereinbar, auch wenn das oft bestritten wird. Denn religiöse Erfahrung ist subjektiv erlebte Offenbarung, Offenbarung objektiv begründete religiöse Erfahrung. Da sich in der modernen Gesellschaft alle Lebensbereiche nach eigenen Gesetzen organisieren, wurde es für die Religion zur Existenzfrage, dass auch sie sich autonom begründet. Nur dadurch erhält sie eine eigenständige Stimme in der Gesellschaft. Was sie sagt, muss aber verständlich sein, sonst bleibt diese Stimme ohne Wirkung. Das war das Anliegen Bultmanns.

Insgesamt sollte man anerkennen: Die Auslegung des Neuen Testaments bei Bultmann wird von einer Glut von innen erleuchtet, durch die sie nach wie vor fasziniert. Er hat erkannt: Für das Verstehen der Bibel ist deren theologische Texttranszendenz in Verbindung mit einer existenzialen Tiefentransparenz entscheidend. Kerygmatische Interpretation macht Texte für Gott transparent, existenziale Interpretation für das Leben. Wir verstehen das Neue Testament erst, wenn

---

[22] F.D. Schleiermacher, Über die Religion: Reden an die Gebildeten unter ihren Verächtern (1799), 1999.

sich die Texte in ihren beiden Dimensionen erschließen. Auch wenn die soziale Dimension des Glaubens bei Bultmann unterbewertet wird, war der Individualismus des Entmythologisierungsprogramms in einer Zeit, die im „Volk" Erfüllung suchte, eine sehr klare soziale und politische Aussage. Wir fragen nun: Wie können wir das Anliegen der Entmythologisierung in einer veränderten Zeit neu durchführen?

II. Ein erneuertes Entmythologisierungsprogramm

Das Entmythologisierungsprogramm wurde in einer Krisenzeit Europas konzipiert, in der Nachkriegszeit intensiv diskutiert, trat danach in den Hintergrund. Denn die Situation hat sich durch vier Umbrüche verändert: den Studentenprotest von 1968, den Zusammenbruch des Kommunismus 1989, die Terroranschläge vom 11.9.2001 und die Corona-Pandemie 2020/21.

In der Protestwelle von 1968 wurde das existenztheologische Thema „Glauben und Verstehen" durch das soziale Thema „Glauben und Handeln" abgelöst, oft nur in theologischen Seitenströmungen, die in einer sich demokratisierenden Welt soziale Grenzen überwinden wollen. Sie zielen mit Paulus auf eine Einheit von Juden und Nichtjuden, Sklaven und Freien, Mann und Frau in der Gemeinde (Gal 3,28), sei es durch den jüdisch-christlichen Dialog, die Befreiungstheologie oder die Feministische Theologie, immer in Konflikt mit bestehenden Mentalitäten und Strukturen.[23] Obwohl auch das Entmythologisierungsprogramm ursprünglich eine Hermeneutik des Konflikts war, wirkte es nach 1968 eher als Anpassung an eine moderne Mentalität ohne Gesellschaftskritik in den drei genannten Bereichen. Daher ist es unsere Aufgabe heute, die sozialen und kritischen Aspekte einer Entmythologisierung herauszuarbeiten.

Beim Zusammenbruch des Kommunismus 1989 wurden die Proteste in der DDR z.T. von kirchlichen Gruppen organisiert.

---

[23] Diesen engagierten Hermeneutiken fehlte eine allgemeine Hermeneutik wie die Theorie des „hermeneutischen Konflikts" von Paul Ricœur (1913–2005), die in der deutschsprachigen Theologie einseitig rezipiert wurde. Vgl. G. Theißen, Das konflikthermeneutische Programm: P. Ricœur und seine theologische Rezeption, in: Texttranszendenz, 2019, 87–101.

Viele hofften auf eine Erneuerung von Kirche und Theologie in den sich demokratisierenden Staaten des Ostens mit Rückwirkung auf den Westen. Dieser Traum ging nicht in Erfüllung. 2001 gab es ein jähes Erwachen: Der Angriff islamistischer Terroristen auf das World Trade Center warf nicht nur auf den Islam, sondern auf die Religion überhaupt einen Schatten. Religionskritik wurde das zentrale Thema des Religionsdiskurses.[24] In der Theologie wiederum trat die Frage ins Zentrum: Wie können Religionen friedlich miteinander leben? Auch hier war das Entmythologisierungsprogramm zunächst keine Hilfe. Die Unterscheidung zwischen dem Kerygma „von oben" und der Religion, die der Mensch „von unten" selbst macht, immunisierte gegen Religionskritik und wich dem Dialog zwischen den Religionen aus.

Die Corona-Pandemie 2020/21 konfrontiert mit Grundfragen von Leben und Tod – verstärkt in einer Gesellschaft, die sich fragt, ob Leben gleich viel wert ist: das Leben alter Menschen, ertrinkender Flüchtlinge, erschossener Farbiger. Ist heute das existenzphilosophische Entmythologisierungsprogramm mit seiner Konzentration auf elementare Fragen des Lebens vielleicht erneut aktuell – vorausgesetzt, es schafft Verständnis für mythische Bilder *und* wissenschaftliche Erkenntnisse, klärt existenzielle *und* soziale Fragen, stärkt religiöse Identität *und* den Religionsdialog?

1. Wird die Entmythologisierung dem Mythos gerecht?

Jedes Entmythologisierungsprogramm muss klären: Was ist ein „Mythos" – als literarische Gattung, als Struktur des Denkens und als soziale Macht? Literarisch gesehen sind Mythen

---

[24] Vgl G. Theißen, Religionskritik als Religionsdiskurs. Plädoyer für einen postsäkularen Dialog, 2020.

Erzählungen von Ereignissen, in denen die Wirklichkeit grundlegend geprägt wurde. Die *Akteure* sind übermenschliche Gestalten. Ihre *Aktionen* schaffen die Strukturen und Normen unserer Welt, auch wenn die Götter selbst jenseits dieser Normen handeln. Ebenso transzendiert ihr *Ort* und ihre *Zeit* unsere Lebenswelt, sie umfassen Erde, Himmel und Hölle. Sie spielen in Urzeit, Endzeit und manchmal in der Mitte der Zeit. Sie strukturieren die Wirklichkeit durch heilige Zeiten und Räume. Entscheidend ist: Sie weisen dem Menschen einen Platz in dieser Wirklichkeit zu.

Mythische Anschauungsformen:	Mythische Denkkategorien:	
• Raum: heiliger Raum – profaner Raum	• Substanz:	Animation: Dinge werden personifiziert.
• Zeit: heilige Zeit – profane Zeit	• Kausalität:	Analogiekausalität: Analoges wirkt aufeinander.
	• Relation:	Tiefenidentität: Getrenntes ist identisch

Bultmann sah die *Denkstruktur* des Mythos[25] (siehe Tabelle) in einer grenzüberschreitenden Sprache, die „vom Unweltlichen weltlich, von den Göttern menschlich" redet.[26] Grenzüberschreitungen sind in der Tat charakteristisch für seine Struktur: Mythen beseelen Unbeseeltes durch *Animation*, sehen in der Welt personale Gottheiten, deuten ihren lebensfreundlichen Charakter als Schöpfung Gottes, ihre lebensbedrohende Macht als Feindschaft des Satans. Aufgrund von *Analogiekausalität* wirken getrennte Personen und Dinge aufeinander: Die Sünde des Menschen entspricht nicht nur Adams Sünde, sondern wird durch sie bewirkt. Alle Menschen sind mit Adam

---

[25] Der Mythos ist als *Denkstruktur* kein Gegensatz zum Logos, sondern dessen erste Form. So E. Cassirer, Philosophie der symbolischen Formen II. Das mythische Denken, 1925 = 1958.
[26] R. Bultmann, Neues Testament und Mythologie, 36.

durch eine *Tiefenidentität* verbunden. Ebenso ist der übermenschliche Körper Christi in Brot und Wein tiefenidentisch anwesend.[27]

Mythen haben die *Funktion*, das Leben zu bewältigen. Die Schöpfungsgeschichte zeigt, dass Erkenntnisfähigkeit mit Gott verbindet, Sterblichkeit von ihm trennt: Adam und Eva essen vom Baum der Erkenntnis, nicht aber vom Baum des Lebens. Sie verstoßen gegen das Gebot und werden aus dem Paradies ihrer Unschuld vertrieben. Solche Erzählungen begründen *existenziell* menschliches Selbstverständnis, legitimieren *sozial* Lebensformen wie die Ehe durch das Modell von Adam und Eva, begründen das Recht durch Gesetzgebung am Sinai. Gleichzeitig stellen Mythen diese Welt durch Gerichts- und Weltuntergangsphantasien in Frage. Ihre welterhaltende soziale Funktion zeigt sich in *Riten* wie Versöhnungstag und Abendmahl, die Menschen zusammenführen und nach außen hin abgrenzen. Mythen begründen und stärken das Gruppenethos. Inwiefern aber können mythische Bilder und Denkstrukturen auch heute die Welt und das Leben deuten?

(1) Mythen als Suchprogramm:
Ihre heuristische Bedeutung

Bultmann hat dem Mythos als *Weltbild* objektive Wahrheit abgesprochen, aber ihm für das *Leben* Wahrheit zugesprochen. Seine Funktion bestehe darin, dem Menschen ein existenzielles Selbstverständnis zu vermitteln: „Der eigentliche Sinn des Mythos ist nicht der, ein objektives Weltbild zu geben; vielmehr spricht sich in ihm aus, wie sich der Mensch selbst in seiner Welt versteht; der Mythos will nicht kosmologisch, sondern anthropologisch – besser: existenzial interpretiert werden."[28] Daran anknüpfend, schlage ich vor, mythische Bilder

---

[27] Zur Tiefenidentität vgl. G. Sellin, Mythologeme und mythische Züge in der paulinischen Theologie, in: H.H. Schmid (Hg.), Mythos und Rationalität, 1988, 209–223.
[28] R. Bultmann, Neues Testament und Mythologie, 35f.

als Suchprogramme des Menschen nach dem wahren Leben zu deuten. Bei dieser Suche tritt eine Wende ein, wenn der Mensch vom „Wort" des Kerygmas ergriffen wird. Sein altes Leben, das auf der Suche nach sich selbst war, stirbt und wird durch Gottes Wort in ein neues Leben verwandelt. Er stößt also in seiner Suche nach Gott auf etwas, was ihn zur Umkehr bringt, als suche nicht er Gott, sondern Gott suche ihn. Unsere Frage an das Entmythologisierungsprogramm ist freilich: Kann man diese Suche nach dem wahren Leben von der Suche nach dem Sinn der ganzen Wirklichkeit trennen? Bultmann hielt das mythische Weltbild für widerlegt. Es sei „unmöglich, das mythische Weltbild zu repristinieren, nachdem unser aller Denken unwiderruflich durch die Wissenschaft geformt worden ist."[29] Dafür berief er sich auf die moderne Lebenswelt: „Man kann nicht elektrisches Licht und Radioapparat benutzen, in Krankheitsfällen moderne medizinische und klinische Mittel in Anspruch nehmen und gleichzeitig an die Geister- und Wunderwelt des Neuen Testaments glauben."[30] Darüber hinaus kennt Bultmann moderne Gesamtdeutungen der Welt, die dem mythischen Weltbild widersprechen, den Idealismus, der den Weltprozess als sukzessives Erwachen des Geistes zu sich selbst deutet, und den Naturalismus, der ihn als Evolution der Natur erklärt. Aber er möchte den Sinn des Lebens ganz unabhängig von unseren Weltbildern machen. Doch ist mit der Erosion mythischer Weltbilder das Verlangen des Menschen nicht verschwunden, sich in die Gesamtwirklichkeit einzuordnen. Er kann es nicht mehr durch „große Erzählungen" befriedigen, sondern nur noch durch offene Theorien und Suchprogramme, die für neue Entdeckungen offen sind. Solch ein Suchprogramm ist die Evolutionstheorie. Sie ist heute als umfassender Rahmen für eine Gesamtdeutung der Welt vertretbar. Das biblische „Weltbild" ist ihr Vorläufer. Ihr gemeinsamer Nenner ist nämlich die Erkenntnis: Der Mensch ist in Entwicklung. „Es ist

---

[29] R. Bultmann, Neues Testament und Mythologie, 29.
[30] R. Bultmann, Neues Testament und Mythologie, 31.

noch nicht erschienen, was wir sein werden" (1Joh 3,2). Ein neues Entmythologisierungsprogramm wird danach fragen müssen: Was ist damals an „Neuem" in der Geschichte erschienen, sodass wir das neutestamentliche Bewusstsein verstehen, am Anfang einer neuen Welt zu stehen? Wenn man dagegen die „existenziale" Interpretation biblischer Texte auf ihre Bedeutung für das individuelle menschliche Leben beschränkt, wird man weder dem Neuen Testament noch unserer Existenz gerecht. Zu ihr gehört die Suche nach einer Gesamtdeutung der Welt.

Bei dieser Suche müssen wir alle Deutungen „entdogmatisieren", d.h. sie können nicht sozial verpflichtend sein, müssen sich der Kontrolle wissenschaftlichen Denkens aussetzen, auch wenn sie über alles hinausgehen, was die Wissenschaft sagt, so wie jede ästhetische und poetische Weltsicht darüber hinausgeht. Wir haben z.b. in uns ein Programm, nach Ursachen zu suchen, deren Kette bis ins Unendliche reicht, ferner ein Programm, die Realität als strukturierte Gestalt wahrzunehmen, dazu ein Programm, Orte aufzusuchen, an denen uns die großen Zusammenhänge des Daseins aufgehen. Davon lebt die Kunst. Suchprogramme sind keine dogmatischen Aussagen. Sie sagen nicht: Die Wirklichkeit ist voll Sinn, sie sagen: Es lohnt sich, in ihr nach Sinn zu suchen. Das aber heißt: Mythische und religiöse Bilder motivieren nicht nur die Suche nach dem subjektiven Sinn unserer Existenz, sondern ebenso nach einem objektiven Sinn der Wirklichkeit. Zwar ist der Rückzug theologischen Denkens aus der Deutung der Welt verständlich, da religiöse Aussagen über die Welt ihre Überzeugungskraft verloren haben. Aber Suchprogramme sind keine Theorien über die Welt, sondern Aufforderungen, in der Wirklichkeit etwas zu entdecken. Sie sind auch dann gerechtfertigt, wenn sie nur partiell Erfolg haben. Für sie gilt: „Wer sucht, wird finden" (Mt 7,7). Auch ihr Scheitern ist wertvoll: Es offenbart nicht nur etwas über die Wirklichkeit, sondern über uns selbst. Wir erleben auch hier eine „Wende".

Bultmann kennt eine solche Wende nur bei der „existenziellen" Suche nach Gott. Aber sie tritt auch bei der Suche nach Sinn in der objektiven Welt ein. So meinte Albert Einstein, dass sich in der Natur „eine so überlegene Vernunft offenbart, daß alles Sinnvolle menschlichen Denkens und Anordnens dagegen ein gänzlich nichtiger Abglanz ist".[31] Von solch einer Erfahrung berichten auch andere Naturwissenschaftler. Gefragt nach seinem Glauben an Gott fragte Werner Heisenberg zurück: „Kannst du oder kann man der zentralen Ordnung der Dinge oder des Geschehens, an der ja nicht zu zweifeln ist, so unmittelbar gegenübertreten, mit ihr so unmittelbar in Verbindung treten, wie dies bei der Seele eines anderen Menschen möglich ist? [...] Wenn du so fragst, würde ich mit Ja antworten."[32] Dass wir auch in der Natur Spuren Gottes finden, sagt die Metapher von den beiden Büchern Gottes, dem Buch der Bibel und der Natur, die u.a. im 2. Artikel der Confessio Belgica „Von der Erkenntnis Gottes" (1561) begegnet:[33]

> Wir erkennen aber Gott auf zwei Weisen: Zuerst durch die Schöpfung, Erhaltung und Regierung dieser ganzen Welt. Denn diese ist für unsere Augen wie ein schönes Buch, in welchem alle Geschöpfe, kleine und große, gleich wie hingeschriebene Buchstaben sind, aus denen das unsichtbare Wesen Gottes ersehen und erkannt werden kann, nämlich seine ewige Macht und Göttlichkeit, wie der Apostel Paulus sagt in Römer 1,20. Dies alles reicht hin, um die Menschen zu überführen und zu machen, dass sie keine Entschuldigung haben. Zweitens gibt er sich uns weit klarer und deutlicher in seinem heiligen und göttlichen Wort zu erkennen und offenbart sich, soviel nämlich uns in diesem Leben zu seiner Ehre und zum Heil der Seinigen notwendig ist.

Die protestantische Theologie hat das Lesen der beiden „Bücher" vernachlässigt mit der Folge einer enormen Verarmung des religiösen Lebens. Erst die ökologische Bewegung hat neu

---

[31] A. Einstein, Mein Weltbild, 1963, 21.
[32] W. Heisenberg, Der Teil und das Ganze, 1973, 253.
[33] E. Busch (Hg.), Confessio Belgica von 1561, in: A. Mühling / P. Opitz (Hg.), Reformierte Bekenntnisschriften 2/1, 2009, 319–369.

dazu motiviert, das „Buch der Natur" nicht nur zu studieren, um die Natur zu beherrschen, sondern um sie zu achten. Wir finden in uns ein Suchprogramm, das nach einem Sinn in ihren Strukturen und Prozessen suchen lässt – mit einem offenen Ergebnis. Wenn man ein Buch liest, weiß man nicht von vornherein, was man aus ihm lernen wird. Wenn wir Religion zukunftsfähig gestalten wollen, müssen wir freilich noch viel mehr „Bücher" studieren: Jede Religion ist ein Versuch, sich dem Geheimnis Gottes zu nähern. Jede ist ein „Buch" für sich.

(2) Mythen als Dichtungen:
Die poetische Bedeutung des Mythos

Bultmann prägte für den Mythos die einprägsame Formel, er rede „vom Unweltlichen weltlich, von den Göttern menschlich".[34] Diese Formel ist einseitig, der Mythos redet von manchen Menschen wie von einem Gott. Wir finden im Neuen Testament beide Bewegungen: von Gott zum Menschen, vom Menschen zu Gott, also ein „Kerygma von oben" und menschliche „Dichtung von unten". Gemeinsam ist ihnen eine Grenzüberschreitung, wie sie für die Metapher charakteristisch ist. Sie redet z.B. von Sternen wie von Menschen, von Menschen wie von Sternen. Der Mythos ist seiner Struktur nach daher metaphorisch und „poetisch". Während Bultmann den Mythos nur *kerygmatisch* als Medium der Transzendenz deutet, muss er auch *poetisch* als Ausdruck menschlicher Dichtung gedeutet werden. Freilich hat auch Bultmann mythische Inhalte des Neuen Testaments als menschliche Schöpfung gedeutet. Denn er sah in ihnen aus der Umwelt übernommene Bilder, die im NT von Menschen umgeformt wurden. Wenn ich seine kerygmatische Deutung „von oben" durch eine *poetische* Deutungen „von unten" ergänze, führe ich also seine Gedanken weiter, mache dabei aber einen hermeneutischen Konflikt (P. Ricœur)

---

[34] R. Bultmann, Neues Testament und Mythologie, 36.

bewusst, der für unsere Einstellung zur Religion charakteristisch ist. Wir sehen heute in ihr beides: eine menschliche Schöpfung und ein Echo außermenschlicher Wirklichkeit. Daher plädiere ich für eine kerygmatische *und* poetische Entmythologisierung. Dabei ist wichtig: Die Bilder der Bibel faszinieren poetisch weit mehr, wenn wir sie nicht mehr als dogmatische Lehre über die Wirklichkeit verstehen. Das erlaubt eine kritische Frage an Bultmanns Programm: Zerstört man nicht diese poetische Faszination, wenn man mythische Bilder für „erledigt" erklärt?[35]

Betrachten wir mythische Bilder als Dichtung, können wir uns leichter Aussagen aneignen, die wir wörtlich nicht übernehmen können. Bultmann will gegen die Tendenz des Mythos zu einer Gesamtdeutung der Welt alle mythischen Aussagen auf die Existenz des Einzelnen beziehen. Menschliches Selbstverständnis ist jedoch immer in ein Weltverständnis eingebettet. Das zeigt gerade die existenziale Interpretation, wenn sie die Existenz des Menschen als Gegensatz zur „vorhandenen" Welt definiert und „Existenz" als Raum des Möglichen betrachtet, der über die Welt hinausragt. Auch hier ist ein (negatives) Weltverhältnis vorausgesetzt und war in der Zeit Bultmanns plausibel. Unsere Situation ist anders. Von diesem weltdistanzierten Existenzialismus führt kein Weg zur ökologischen Bewahrung der Schöpfung. Eine Fortführung des Entmythologisierungsprogramms kann sich daher heute nicht auf die Existenz des Menschen beschränken. Wir plädieren für eine

---

[35] Vgl. R. Bultmann, Neues Testament und Mythologie, 30: „Erledigt sind damit die Geschichten von der Himmel- und Höllenfahrt Christi; erledigt ist die Erwartung des mit den Wolken des Himmels kommenden Menschensohnes' und des Entrafftwerdens der Gläubigen in die Luft, ihm entgegen (1.Thess 4,15ff.). Erledigt ist durch die Kenntnis der Kräfte und Gesetze der Natur der Geister- und Dämonenglaube." S. 30f: „Die Wunder des Neuen Testaments sind damit als Wunder erledigt". S. 31: „Die mythische Eschatologie ist im Grunde durch die einfache Tatsache erledigt, daß Christi Parusie nicht, wie das Neue Testament erwartet, alsbald stattgefunden hat, sondern daß die Weltgeschichte weiterlief."

Deutung der kosmischen Funktion des Mythos durch eine poetische Entmythologisierung, die die Intention mythischer Dichtung auf eine Gesamtdeutung der Welt akzeptiert. Diese poetische Deutung des Mythos hilft uns auch zu einem besseren Verständnis der *sakramentalen* Dimension der Religion. Mythen begründen Riten. Bultmann unterschätzte deren Bedeutung, wenn er schreibt, für moderne Mentalität sei „schlechterdings fremd und unverständlich, was das Neue Testament vom ‚Geist' (*pneûma*) und von den Sakramenten sagt."[36] Er verkannte die Sehnsucht des modernen Menschen nach „Verkörperung" dessen, was ihn im Leben bewegt.[37] Sakramente sind „Verkörperungen" religiösen Lebens. Sie überschreiten Grenzen zwischen Seinsbereichen, vermitteln zwischen Objektivem und Subjektivem, Materie und Geist, Natur und Mensch. Sie haben eine „mythische" Struktur. Die Philosophie der Verkörperung hat für sie ein neues Verständnis geschaffen. Bei unserer Fortführung des Entmythologisierungsprogramms werden wir daher auch die *sakramentale* Deutung des Mythos als Variante einer poetischen Deutung erneuern. Denn Mythos und Ritus gehören zusammen.

Unser poetischer Zugang zur neutestamentlichen Bilderwelt betrachtet die Religion zwar als menschliche Dichtung, trifft aber in einer Hinsicht ihr Selbstverständnis: Was uns „poetisch" anspricht, fasziniert deshalb, weil sich in ihm ein Selbstwert zeigt. Wir erkennen den Zauber des Ästhetischen überall dort, wo wir spüren: Über jeden menschlichen Zweck hinaus erscheint hier eine Realität, die in sich sinnvoll ist. Gott ist in sich Zweck und Ziel. Der poetische Zugang „von unten" ist daher keineswegs für die Religion destruktiv, sondern führt in ihr Zentrum. Und umgekehrt bedeutet ein kerygmatischer Zugang „von oben" nicht immer, dass wir in den Texten Gottes

---

[36] R. Bultmann, Neues Testament und Mythologie, 32.
[37] G. Theißen, Verkörperung als Botschaft, Transformative Religion und Theologie im Urchristentum, in: G. Etzelmüller, A. Weissenrieder (Hg.), Verkörperung als Paradigma theologischer Anthropologie, 2016, 159–182.

Stimme hören. In manchen kerygmatischen Ansprüchen verbergen sich allzu menschliche Interessen „von oben". Deswegen ist Sozialkritik in und an der Religion notwendig.

(3) Mythen als Gemeinschaftsräume: Die soziale Bedeutung des Mythos

Die Auslegung des Mythos auf ein existenzielles Kerygma an den Einzelnen ist überzeugend, obwohl existenziale Interpretation wenig von Eros und Aggression, Vorurteil und Kommunikation, Widerstand und Anpassung spricht, also von den sozialen Beziehungen, in die individuelle Existenz eingebettet ist. Mythen sind Gemeinschaftsräume, die von mehreren Menschen bewohnt werden. Um dem gerecht zu werden, muss sich die existenziale Analyse für Erkenntnisse öffnen, die den Menschen in sozialen Beziehungen sehen. Solch eine *sozialpsychologische und soziologische* Vertiefung des Entmythologisierungsprogramms[38] ist für die *ethische* Reflexion individueller Lebensführung unerlässlich.[39] Dafür, dass Mythen gemeinsame Lebensräume gestalten, hatte Bultmann wenig Verständnis, obwohl er in seinem Leben sozial vorbildlich war. Er unterstützte im Ersten Weltkrieg eine Partei, die den Krieg ablehnte, trat für die Demokratie in der Weimarer Republik ein, kritisierte die Diskriminierung von Juden im 3. Reich, war in der Bekennenden Kirche aktiv. Die Bekennende Kirche gehört zu den Vorläufern der ökumenischen Bewegung, in der die Grundwerte von Frieden, Gerechtigkeit und Bewahrung der Schöpfung entwickelt wurden, die sich in der Ökumene nach 1945 mit dem

---

[38] Mit Recht stellt U. Luz, Theologische Hermeneutik, 2014, 41 Anm. 25 fest: „Die Existenzialien Heideggers und auch diejenigen Bultmanns haben eine sehr große Nähe zu gewissen psychologischen Zugangsweisen, vor allem den Jung'schen Archetypen." M. Leiner, Psychologie und Exegese, Grundlage einer textpsychologischen Exegese des Neuen Testaments, 1995, 52–59.

[39] R. Bultmann, Das christliche Gebot der Nächstenliebe, GuV I, 229–244, 239: „Es gibt also keine christliche Ethik im Sinne einer einsichtigen Theorie über das, was der Christ zu tun und zu lassen hat."

Ziel durchsetzten, Grenzen zwischen den Kirchen und Völkern zu überschreiten. Damit entsprach sie dem Neuen Testament, dessen soziale Botschaft Grenzen zwischen Völkern und Schichten überwinden will. Das Liebesgebot wird in ihm zur Zuwendung zu Fremden und Feinden sowie zur Diakonie an Armen und Schwachen. Auch für Bultmann war die *ethische* (und soziale) Bedeutung des christlichen Glaubens im Liebesgebot konzentriert, obwohl er konkrete Mahnungen weithin als Übernahme antiker Traditionen deutete. Er stellte sie unter die kritische Norm: „Erneuert euer Denken, damit ihr prüfen und erkennen könnt, was der Wille Gottes ist" (Röm 12,2). Das war in der Sozialethik damals ein Fortschritt. Der Mehrheitsprotestantismus war zu seiner Zeit konservativ, sein Eheverständnis patriarchalisch, sein Staatsverständnis vordemokratisch, sein Gesellschaftsbild korporativ. Dass Bultmann eine spezifische biblische Ethik leugnete, erleichterte vielen die Loslösung von solchen Traditionen. Aber mit der Protestbewegung von 1968 verlor die existenztheologische Hermeneutik gerade wegen dieses Defizits an konkreter sozialer Ethik an Bedeutung. Die Grundwerte des ökumenischen Protestantismus Frieden, Gerechtigkeit und Bewahrung der Schöpfung kamen erst jetzt zur Wirkung. Wenn wir das Entmythologisierungsprogramm von Bultmann weiterführen, müssen wir es um eine *sozialethische* und *sozialkritische* Dimension erweitern.

Die soziale Bedeutung des Entmythologisierungsprogramms zeigt sich in der Gegenwart vor allem im Religionsdialog, der bei Bultmann eine geringe Rolle spielt. Sein Entmythologisierungsprogramm wirkt wie ein Selbstgespräch europäischer Theologen mit ihren eigenen Traditionen. Jedoch gab es schon zu seiner Zeit Ansätze, die darüber hinaus wiesen. Die Religionsgeschichtliche Schule deutete das Urchristentum als „synkretistische Religion" und wies im Gegenzug zum europäischen Kolonialismus des 19./20. Jahrhunderts nach, dass die europäische Kultur anfangs von orientalischen Traditionen „kolonialisiert" worden war: Ägypten, Babylon und Persien haben in ihr nachgewirkt. Mit der Dialektischen Theologie setzte sich in der Exegese erneut ein subtiler religionsgeschichtlicher „Kolonialismus" durch: Man erkannte wohl die fremden Einflüsse an, aber vor allem um nachzuweisen, dass das Christentum sich als überlegen erwiesen hatte, indem es diese Einflüsse umgeprägt hatte. Die Tendenz, neue religionsgeschichtliche Erkenntnisse für den Dialog aller Religionen fruchtbar zu machen, war viel schwächer. Dazu kam: Ein offener Dialog mit dem Judentum war 1941 in Deutschland nicht möglich, andere Religionen waren nur schwach vertreten. Heute ist nach dem Holocaust das Gespräch mit dem Judentum ein zentrales Anliegen von Kirche und Theologie, das Gespräch mit allen Religionen in einer multireligiösen Gesellschaft eine Notwendigkeit. Heute ist klar: Die Suche nach der Wahrheit der Religion wird sich daran entscheiden, wie wir die Wahrheit der Religionen im Dialog erkennen.

Wir wollen also Einseitigkeiten des Entmythologisierungsprogramms vermeiden, indem wir die kerygmatische Mythendeutung von oben durch eine poetische Deutung von unten ergänzen. Neutestamentliche Texte haben eine doppelte Transzendenz: Kerygmatisch weisen sie auf Gott, poetisch auf den Menschen. Dem doppelten Liebesgebot der Liebe zu Gott und zum Nächsten entspricht in der Hermeneutik ein Doppelgebot des Verstehens. Wenn wir in den Bildern der Bibel nach Gott suchen, müssen wir auch viele menschliche Aspekte berücksichtigen: die in ihnen enthaltene kosmische und sakramentale Sehnsucht, die in ihnen formulierten sozialen und ethischen Verpflichtungen, die Spuren vergangener Religionsdialoge und neue religionsdialogische Herausforderungen. Wenn wir das Entmythologisierungsprogramm heute als einseitig beurteilen, dürfen wir aber nie vergessen: Manche Einseitigkeiten erklären sich aus seiner Entstehungssituation und sind kein Einwand gegen seine Notwendigkeit.

2. Wird die Entmythologisierung dem Neuen Testament gerecht?

Die existenziale Interpretation hört aus der Vielfalt des Neuen Testaments nur die *eine* zentrale Botschaft von Kreuz und Auferstehung heraus, die den Menschen vor die *eine* Entscheidung über Eigentlichkeit und Uneigentlichkeit seines Lebens stellt. Kein Argument kann ihm diese Entscheidung abnehmen, auch nicht die historische Rekonstruktion einer noch so beeindruckenden Jesusgestalt. Man muss diese Entscheidung vielmehr wagen. Gerade das entspreche der Existenz des Menschen, die nichts Vorhandenes ist, sondern durch Entscheidung des Menschen erst entsteht. Das Kerygma ist also an zwei Kriterien zu erkennen: Es ist einerseits ein existenzielles Wagnis des Menschen, andererseits Begegnung mit Gott als reine Gnade. Jedoch entsprechen nach Bultmann nur wenige neutestamentliche Schriften diesen Kriterien. Im lukanischen Doppelwerk sei der Glaube kein existenzielles Wagnis, im Matthäusevangelium keine reine Gnade. Selbst bei Paulus und Johannes müsse man das Kerygma erst durch kritische Exegese wiederherstellen.

Wenig Gnade fand bei Bultmann und seinen Schülern das lukanische Doppelwerk, immerhin ein Viertel des Neuen Testaments.[40] Es stellt Jesus als Wende in der Geschichte dar. Dabei mache es den unverzeihbaren Fehler, dass es historisch zuverlässig über die Geschichte Jesu und der Kirche berichten will, sich auf Zeugen beruft und eine *fides historica* predigt. Der Glaube könne aber nicht historisch abgesichert werden. Er sei ein Sprung ins Ungewisse. Diese Deutung ist gegenüber dem lukanischen Doppelwerk ungerecht. Wenn die Heilsgeschichte in Jesus eine entscheidende Wende nimmt, so werden Menschen ihr allein durch eine existenzielle Wende in ihrem Leben gerecht. Alle Gestalten von Johannes dem Täufer über Jesus bis

---

[40] Vgl. W.G. Kümmel, Lukas in der Anklage der heutigen Theologie (1970), in: Ders., Heilsgeschehen und Geschichte Bd. 2, 1978, 87–100.

zu Petrus und Paulus sind im lukanische Doppelwerk Umkehrprediger. Erst in der existenziellen Verwandlung des Einzelnen kommt die Wende der Geschichte zu ihrem Ziel.

Genauso wenig Gnade fand das Matthäusevangelium in der Existenztheologie: Jesus ist im MtEv ein Ausleger des Gesetzes.[41] Seine Auslegung ist eine humane Auslegung für die „Mühseligen und Beladenen". Unverkennbar ist im MtEv: Der wahre Christ wird nicht an seinem Glauben erkannt, sondern an seinen (ethischen) Früchten (Mt 7,16). Für manche protestantischen Exegeten ist das eine „katholisierende" Botschaft, mit der Matthäus gegen das zweite Kriterium der existenzialen Interpretation verstößt: den Gnadencharakter des Heils. Auch hier gilt: Diese Auslegung wird dem MtEv nicht gerecht. Man lese nur das Gleichnis von den Arbeitern im Weinberg, in dem alle Arbeiter trotz verschiedener Leistung gleich bezahlt werden (Mt 20,1–20). Hier gibt Matthäus der Gnade Vorrang vor dem Verdienst durch Werke.

Aber auch die Kronzeugen der existenzialen Auslegung entsprechen nicht dem „Marburger kerygmatheologischen Reinheitsgebot". Im Römerbrief stellt Paulus nacheinander vier Entwürfe eines Weges zum Heil dar.[42] Der erste Weg der Gesetzes scheitert, weil kein Mensch es faktisch erfüllt (Röm 1,18–3,20). Der zweite baut auf die Rechtfertigung durch Glauben und ist das Zentrum der existenzialen Auslegung, nicht aber ihre Begründung im Sühnetod Jesu (Röm 3,21–5,21). Erst bei der dritten Heilskonzeption der Verwandlung des Menschen schließt sich die existenziale Auslegung vorbehaltlos Paulus an: Heil geschieht, indem Christen mit Christus sterben und zum Heil gelangen – nicht, weil Christus *für* sie gestorben ist, sondern weil sie *mit ihm* sterben und ein neues Leben beginnen (Röm 6,1–8,39). Das konnte man existenzial interpretieren. Nicht berücksichtigt wurde eine vierte Heilslehre in Röm 9–11:

---

[41] Vgl. U. Luz, Die Jesusgeschichte des Matthäus, 1993.
[42] Vgl. G. Theißen/P.v. Gemünden, Der Römerbrief. Rechenschaft eines Reformators, 2016.

In ihr wird das Heil unabhängig vom Glauben des Menschen in der Gnadenwahl Gottes begründet. Nur deshalb kann das ungläubige Israel zum Heil gelangen. In der existenzialen Interpretation galt dieser Israelteil als Spekulation. Hätte man diese Heilskonzeption ernst genommen, hätte man Judentum und Christentum nicht als Alternative deuten können. Paulus wurde existenzial nur selektiv ausgelegt.

Allein das Johannesevangelium entspricht der existenzialen Interpretation. In ihm kommt Jesus mit einer Botschaft vom Himmel und stellt die Menschen vor die Entscheidung, ob sie sich am Licht oder an der Finsternis orientieren. Aber auch in diesem Evangelium müssen *literarkritisch* Zusätze einer „kirchlichen Redaktion" mit massivem Sakramentalismus entfernt werden, als könne das Essen von Christi Leib und Blut Heil vermitteln (Joh 6,52–59), ferner müssen *redaktionsgeschichtlich* die Wunder rein symbolisch als „Zeichen" gedeutet werden. Und *religionsgeschichtlich* muss der Erwählungsdualismus des gnostischen Erlösermythos in einen Entscheidungsdualismus des Menschen umgedeutet werden, damit man in ihm das reine Kerygma hört. Man kann angesichts dieser minimalistischen Aneignung des Neuen Testaments durchaus fragen:

3. Wird die Entmythologisierung der Religion gerecht?

Mythisches Denken findet sich in allen Religionen. Doch der Dialog zwischen ihnen war für Bultmann kein Thema, obwohl mit Rudolf Otto (1869–1937) und Friedrich Heiler (1892–1967) neben ihm zwei Theologen in Marburg wirkten, die zugleich Religionswissenschaftler waren. Bultmanns Nähe zur Dialektischen Theologie sowie unterschiedliche Denkstile verhinderten einen Austausch.[43] Da in einer sich globalisierenden Welt

---

[43] Vgl. A. Großmann, Art. Bultmann und Rudolf Otto, in: Bultmann Handbuch, 101–103.

der Religionsdialog eine zentrale Aufgabe ist, muss ein neues Entmythologisierungsprogramm klar machen, was es unter „Religion" versteht. Unser Vorschlag ist, *Religion als Resonanz der Gesamtwirklichkeit im Menschen zu verstehen, die sich mit Worten und Riten intentional auf ihren Ursprung bezieht.*[44] Das Resonanzerleben ist unmittelbar gewiss, der Rückbezug auf ihren Ursprung aber mit Ungewissheit verbunden. Denn er wird in den Religionen verschieden gestaltet. Ziel ist immer, dass der Mensch in Übereinstimmung mit der Gesamtwirklichkeit lebt. Es geht dabei nicht nur um die Übereinstimmung von Gedanken mit Teilen der Realität, sondern der Existenz des ganzen Menschen mit der ganzen Wirklichkeit. Diese Übereinstimmung ist unerreichbar. Trotzdem tasten Menschen in Mythos, Ritus und Ethos nach ihr. Sie tun es in verschiedener Weise in verschiedenen Religionen. Gerade das ist eine Chance. Denn trotz aller Gegensätze finden sich in den Religionen Tiefenstrukturen, in denen sie sich berühren. Auch wenn sie immer aus der Perspektive einer konkreten Religion erfasst werden, ermöglichen sie gegenseitiges Verstehen und stärken die Annahme, dass wir uns auf dieselbe Realität beziehen. So kann man in Reflexionen der Kirchenväter über Christus und Gott Strukturen finden, zu denen man Analogien in anderen Religionen findet. Die Verbindung von Gott und Mensch in Christus wurde m.E. als Zwei-Naturen-Lehre des Konzils von Chalkedon zu einer Strukturformel jeder religiösen Erfahrung. Im Konkreten erscheint eine göttliche Realität, die zugleich „ungetrennt und ungeteilt" präsent ist und „unvermischt und unverwandelt" abwesend ist. Das gilt *mutatis mutandis* für alle Religionen.

---

[44] Vgl. meinen Versuch in: G. Theißen, Argumente für einen kritischen Glauben oder: Was hält der Religionskritik stand? 1978; G. Theißen, Resonanztheologie, 2020, 47–98. Auch H. Rosa, Resonanz. Eine Soziologie der Weltbeziehung, 2016, 435–453, deutet Religion als Erfahrung von Resonanz. Ein instruktiver Vergleich zwischen unseren Konzeptionen ist: M.G. Christoffersen/N.H. Gregersen, Resonance, Risk, and Religion. Gerd Theißen and Hartmut Rosa on Religious Resonance, PTSc 6 (2019) 6–32.

Wir müssen durch Rückgang auf Tiefenstrukturen der Religionen m.E. nach einer Wahrheit in ihnen suchen. Dazu gehört aber auch die Frage nach der Unwahrheit der Religion, also Religionskritik. Nur mit ihr lässt sich Entmythologisierung als theologische Wahrheitssuche durchführen.

4. Wird die Entmythologisierung der Wahrheitsfrage gerecht?

Entmythologisierung fragt nach der Wahrheit biblischer Texte. Sie antwortet auf die moderne Religionskritik, die mythische Aussagen des Neuen Testaments nicht nur existenzial als Ausdruck menschlichen Selbstverständnisses interpretiert, sondern als Projektionen menschlicher Wünsche und Sehnsüchte, aber auch als Protest gegen Leid und Ungerechtigkeit. Gibt es trotzdem in diesen religiösen Bildern Wahrheit? Wenn Religion Resonanz der Gesamtwirklichkeit im Menschen ist, die sich intentional auf ihren Ursprung zurückbezieht, kann man diese Frage nach der Wahrheit auch so formulieren: Entspricht sie dieser Gesamtwirklichkeit? Und hilft sie Menschen, in Antwort auf sie zu leben?

Oft verstand man Entmythologisierung freilich nicht als Wahrheitssuche, sondern als Kommunikationsproblem: Wie kann man für die Botschaft die Zustimmung moderner Zeitgenossen erreichen? Dabei wurde die Wahrheitsfrage indirekt mitdiskutiert. Eines der klassischen Wahrheitskriterien besteht darin, dass eine Aussage Zustimmung finden muss. Doch reicht dieses *Konsenskriterium* allein nicht aus, um Wahrheit festzustellen. Denn immer wieder haben Irrtümer und Vorurteile in Kirche und Theologie viel Zustimmung gefunden, wurden Ergebnisse der Naturwissenschaft abgelehnt oder die Menschenrechte als Häresie verurteilt.[45] Zustimmung zu einer Bot-

---

[45] Man denke an die antijüdischen Schriften des späten Luthers, den Inqui-

schaft erreicht man weniger durch ihre Gestaltung nach Wahrheitskriterien, als durch eine Medienlogik, nach der Zustimmung größer wird, wenn abweichende Ideen mit plausiblen Überzeugungen verbunden werden. Die Abweichung sorgt für Aufmerksamkeit, Übereinstimmung mit Plausiblem für Zustimmung. Entmythologisierung wäre dann in erster Linie eine *kommunikative Aufgabe:* Wie schafft man Aufmerksamkeit und Zustimmung zur Botschaft des Neuen Testaments?

Das Entmythologisierungsprogramm stellt aber noch weitere Fragen: Wie kann man dieser Überlieferung treu bleiben? Historische Forschung hat die Distanz zwischen moderner Lebenswelt und ihr aufgedeckt. Selbst die wörtliche Wiederholung der Botschaft vermittelt der Gegenwart nicht ihren Sinn. Denn niemand garantiert, dass dieselben Wörter und Sätze damals dasselbe bedeuteten wie heute. Hier geht es nicht darum, dass ihre Interpretation mit moderner Mentalität übereinstimmt, sondern mit der ursprünglichen Intention der Texte, also um das *hermeneutische Problem* der Textauslegung. Dazu gibt es verschiedene Lösungsversuche. Hier sei nur einer skizziert, der in den Aussagen der biblischen Schriften Grundmotive erkennt und Interpretationen dann akzeptiert, wenn sie mit diesen Grundmotiven übereinstimmen.[46] Grundmotive sind z.B. das *Schöpfungsmotiv,* das sagt: Alles könnte auch nicht und anders sein; eine aus dem Nichts schaffende göttliche Macht ist in jedem Augenblick wirksam. Oder das *Weisheitsmotiv,* dass sie Welt durch Gottes Weisheit geschaffen ist, die sich in ihren unwahrscheinlichen Strukturen zeigt. Das *Wundermotiv* bringt die Überzeugung zum Ausdruck: Alles Geschehen ist offen für überraschende Wendungen, nichts ist völlig determiniert. Das *Umkehrmotiv* sagt: Der Mensch hat die Möglichkeit radikaler Veränderung; wie sich die Welt verändern muss, um

---

sitionsprozess 1632 gegen Galileo Galilei oder die Ablehnung der Menschenrechte durch Pius IX. im Syllabus Errorum 1866.
[46] Zu Grundmotiven G. Theißen, Die Religion der ersten Christen, 2000, 368–384.

Gottes Willen zu entsprechen, so auch der Mensch. Das *Positionswechselmotiv* fordert auch in sozialen Beziehungen eine Umkehr: Der Erste soll der Letzte, der Letzte der Erste sein. Das *Rechtfertigungsmotiv* sagt, dass die Legitimation des Daseins so unbegründbar ist wie die Existenz des Lebens überhaupt. Man kann noch mehr Grundmotive zusammenstellen. Sie helfen zu beurteilen, was der biblischen Botschaft entspricht. Auch so beantwortet man aber noch nicht die Frage nach der Wahrheit biblischer Texte, es sei denn man teilt die Prämisse, dass die Bibel auf jeden Fall Wahrheit enthält. Denn dann muss man alles, was mit ihren Grundmotiven *kohärent* ist, als wahr anerkennen. Mit solch einem Kohärenzkriterium kann man Kritik an Einzelaussagen der Bibel üben, wenn sie Grundmotiven des Glaubens oder der Ethik widersprechen. Das Kohärenzkriterium sichert so, dass der christliche Glaube seine Identität bewahrt. Aber ein kritisches Wahrheitsbewusstsein kann sich damit nicht zufriedengeben: Was mit einer anerkannten Tradition kohärent ist, kann ein Irrtum sein. Viele Menschen werden z.B. dem biblischen Grundmotiv, dass es Wunder gibt, allenfalls in seiner abgeschwächten Form zustimmen, dass sich immer wieder Überraschendes ereignet. Viele lehnen einen grundsätzlichen Positionswechsel ab, weil sie Hierarchien für notwendig halten. Für viele ist der Glaube, ein Mensch könne sich grundlegend ändern, eine Illusion. Biblische Grundmotive sind untereinander kohärent, aber auch dann müssen sie nicht mit der Wirklichkeit und ihren Möglichkeiten korrespondieren.

Eine Entmythologisierung als Suche nach theologischer Wahrheit muss sich an allen Wahrheitskriterien orientieren. Wahr ist danach erstens, was mit der Realität korrespondiert, zweitens innere Kohärenz aufweist, drittens konsensfähig ist und sich im Leben pragmatisch bewährt. Es geht also nicht nur um das hermeneutische Problem der Auslegung von Texten, auch nicht nur darum, dass die in ihnen enthaltene Deutung des Lebens kohärent ist, sondern um die Frage, ob biblische

Aussagen und Bilder mit der Realität korrespondieren. In diesem Sinne verstehen wir das „Entmythologisierungsprogramm als theologische Wahrheitssuche". Vor allem die (Religions)-Philosophie klärt uns darüber auf, wieweit wir in der Religion überhaupt zu wahren Aussagen fähig sind. Bei der Wahrheitsfrage hat das Korrespondenzkriterium einen Vorrang: Wahr sind Vorstellungen und Aussagen, die mit der objektiven Wirklichkeit übereinstimmen. Nun wird mit überzeugenden Argumenten bestritten, dass dieses Kriterium überhaupt durchführbar ist. Wir können nicht aus unserem Bewusstsein aussteigen, um unsere subjektiven Vorstellungen mit der objektiven Wirklichkeit zu vergleichen! Aber gerade radikale Skepsis gegenüber jeder Wahrheit setzt den Korrespondenzbegriff der Wahrheit voraus, denn nur dann kann sie sagen, die Wahrheit sei als Korrespondenz von subjektiver Vorstellung und objektiver Wirklichkeit unerreichbar. Die Unerreichbarkeit der Wahrheit schließt zudem nicht aus, dass wir uns ihr approximativ nähern können: Wir können manche Hypothesen ganz oder teilweise falsifizieren, andere ansatzweise bestätigen. Die Falsifikation von Hypothesen fördert die Suche nach Wahrheit, indem sie den Bereich plausibler Annahmen eingrenzt. Eine teilweise Bestätigung von Annahmen begründet Vertrauen in ihre Wahrheit, zumal dann, wenn sie sich in der Praxis bewährt haben. Bestätigte Wahrheiten können Grundlage eines epistemischen Glaubens sein, der sich auf empirisch begründetes Wissen stützt, aber darüber hinausgeht, wenn er darauf baut, dass er durch eine ausreichende Korrespondenz zwischen unseren Vorstellungen und der Wirklichkeit gedeckt wird.

Man kann die Wahrheitsfrage auch als Teil der Hermeneutik verstehen, wenn man den Begriff der Hermeneutik so erweitert, wie es im Entmythologisierungsprogramm vorausgesetzt wird, Hermeneutik nicht nur als Text-, sondern als Existenzhermeneutik versteht. Es geht dann nicht nur um die Frage: Was hat das Neue Testament sagen wollen? Sondern: Welche existenziellen Wahrheiten sind in diesen Aussagen enthalten? Das Entmythologisierungsprogramm folgt dabei der Unterscheidung von existenzieller und objektiver Wahrheit. „Existenziell" wahr sind Texte, die einem Menschen dazu verhelfen, das eigene Leben zur Erfüllung zu bringen, „objektiv" wahr Aussagen, die mit Sachverhalten übereinstimmen. Diese Unterscheidung ist berechtigt, sofern menschliche Existenz mehr ist als vorhandenes Dasein, sondern mögliches Leben, das durch Entscheidungen verwirklicht wird. „Objektive" Wahrheit ist unabhängig von unseren Entscheidungen. Sie bezieht sich auf das, was vorhanden ist.

Mit Hilfe eines solchen existenzialistischen Wahrheitsverständnisses konnte sich Bultmann davon befreien, Aussagen über Engel und Dämonen, Zeichen und Wunder, Weltuntergang und Gericht als „objektive" Wahrheit anzuerkennen. Er konnte sie existenzial deuten, d.h. als Impulse, das eigene Leben zu verstehen und zu gestalten. Wenn die Bibel z.B. die Gegenwart als Übergang von einer alten zu einer neuen Welt betrachtet, konnte er das als Appell zum Übergang von einem alten zu einem neuen Selbstverständnis deuten. Man könnte darin eine Abkehr vom Korrespondenzprinzip der Wahrheit sehen. Wahr scheint nur das zu sein, was im Leben wirkt, zumal die Tendenz zu solch einer pragmatischen Begründung von „Wahrheit" große Teile der modernen Philosophie bestimmt, etwa, wenn sie im Existenzialismus existenzielle Wahrheit, im Pragmatismus sozial konstruktive Wahrheit oder in der Lebensphilosophie lebensfördernde Wahrheit sucht – oft deshalb, weil sie an der Möglichkeit objektiver Wahrheit zweifelt.[47] Das Entmythologisierungsprogramm wäre dann im Bereich der Religion nur Ausdruck dieser Wende zu einer pragmatischen Lebenswahrheit, mit der man die Enttäuschung be-

---

[47] Wahrheit und Gewissheit muss man unterscheiden. Selbst wenn wir in unseren Urteilen mit der objektiven Wirklichkeit übereinstimmen, können wir dessen nicht gewiss sein, da wir nicht unser Bewusstsein verlassen können, um die objektive Wirklichkeit mit unserem „Bild" von ihr zu vergleichen.

wältigt, dass wir nirgendwo im Leben zu einer Korrespondenzwahrheit und erst recht nicht zu einer Korrespondenzgewissheit gelangen können.

Darin liegt eine Versuchung. Ein „existenzialistischer Wahrheitsbegriff" verführt dazu, alles, was das Leben intensiviert, für wahr zu halten. Wahr ist, was das Leben lebendig macht. Dagegen sei betont, dass auch existenzielle Wahrheit in zweifacher Weise dem Korrespondenzkriterium unterliegt: Erstens können wir das faktische Leben eines Menschen an seinem Existenzentwurf messen. Stimmen beide überein? Sonst kommt es zu existenzieller Heuchelei. Zweitens beziehen sich existenzielle Wahrheiten auch auf etwas, was Menschen nicht durch Entscheidungen *schaffen*, sondern als ihre Situation *deuten*. Wahrheit ist hier eine Korrespondenz zwischen Existenzdeutung und Existenzverwirklichung.

Im Verhältnis zu sich selbst stößt der Mensch immer auf Grundgegebenheiten, die seinen Entscheidungen vorausgehen, vor allem darauf, dass er kontingent existiert, d.h. dass es keinen Grund gibt, warum er nicht oder nicht auch anders existieren könnte. Hinsichtlich dieser „Daseinskontingenz" ist jeder Mensch „schlechthin abhängig" (F.D. Schleiermacher). Niemand hat Einfluss auf die Tatsache, dass er geboren wurde. Aber er ist in einer Hinsicht frei: Er kann sich verschieden dazu verhalten, mit Dankbarkeit oder Gleichgültigkeit oder mit dem dumpfen Gefühl eines „Geworfenseins" in die Welt.[48] Der Mensch ist nach existenzialistischer Sicht in seiner Selbstdeutung und Selbstverwirklichung frei. Seine existenzielle Wahrheit besteht darin, dass er sein Leben als Daseinskontingenz *deutet*, als Existenzentwurf *gestaltet* und beides übereinstimmt. Man kann existenzielle Wahrheit aber darüber hinaus noch umfassender verstehen: Wahre Existenz ist dann die Existenz, die nicht nur mit sich selbst (d.h. mit den eigenen Selbstentwürfen) übereinstimmt, sondern mit den Grundbedingungen der *ganzen* Wirklichkeit. Wer diese Grundbedingungen nicht

---

[48] M. Heidegger, Sein und Zeit (1927), [10]1963, 179.

nur als Faktum wahrnimmt, sondern als Aufforderung, mit ihnen übereinzustimmen, hat einen entscheidenden Schritt zum Glauben an Gott getan. Denn die Erfahrung der Gesamtwirklichkeit als Herausforderung ist in religiöser Sprache der „Ruf Gottes".

Auch Bultmann versteht existenzielle Wahrheit als Korrespondenz im erweiterten Sinne. Denn für ihn ist im Unterschied zum atheistischen Existenzialismus die Wahrheit der Existenz in der Beziehung zu Gott begründet. Der Mensch, der sich selbst als Daseinskontingenz und Existenzentwurf versteht, findet seine Erfüllung in der „Korrespondenz" mit Gott. Vorausgesetzt ist, dass man Daseinskontingenz und Existenzentwurf theologisch deuten kann, also das Dasein als Gabe Gottes und menschliche Existenz als Antwort auf seinen Ruf. Das ist zweifellos eine Deutung in Bildern, insofern Gott als handelndes und forderndes Subjekt vorgestellt wird. Diese Bilder gehen über die Feststellung von Daseinskontingenz und Existenzentwurf hinaus, aber widersprechen dem nicht. Gott ist in ihnen Ursprung von Daseinskontingenz und Herausforderung zur eigentlichen Existenz.

Wenn Bultmann Daseinskontingenz und Existenzentwurf vertiefend auf Gott hin deutet, verwendet er die neutrale Definition Gottes als „alles bestimmende Wirklichkeit".[49] Dabei denkt er nicht nur an die vorhandene, sondern auch an die virtuelle Wirklichkeit. Wenn der Mensch in existenziellen Entscheidungen seine „Möglichkeiten" ergreift, handelt er in Entsprechung zu einem Gott, der nicht nur das aktuell Wirkliche, sondern auch das Mögliche bestimmt. Und wenn der Mensch in seiner Entscheidung eine *creatio ex nihilo* vollzieht, d.h. eine Handlung vollzieht, die durch vorhergehende Faktoren nicht determiniert ist, dann ist seine Handlung so kontingent wie das

---

[49] R. Bultmann, Welchen Sinn hat es. von Gott zu reden? (1925), in: GuV I, ⁵1964, 26–37, S. 26: „Denn wo überhaupt der Gedanke ‚Gott' gedacht ist, besagt er, daß Gott der Allmächtige, d.h. die Alles bestimmende Wirklichkeit sei."

Dasein der Wirklichkeit überhaupt. Die Unbegründbarkeit seiner Daseinskontingenz und seines Existenzentwurfs entspricht der Unbegründbarkeit der Wirklichkeit überhaupt. Alles könnte auch nicht oder anders sein. Wir finden insofern eine Existenzwahrheit, die dem Korrespondenzprinzip entspricht – auch wenn es keine Korrespondenz von wissenschaftlichen Theorien und Wirklichkeit, sondern von menschlicher Existenz und universaler Wirklichkeit ist. Für diese Korrespondenz zwischen existenzieller Wahrheit und universalem Existenzgrund kennt die Bibel ein einprägsames Bild: Der Mensch ist Gottes Ebenbild. So wie Gott alles aus Nichts geschaffen hat, schafft auch der Mensch aus Nichts, wenn er seine Existenz durch Entscheidungen verwirklicht. So unbegründbar und kontingent alles als Dasein existiert, so unbegründbar sind seine existenzverwirklichenden Entscheidungen.

5. Korrekturen am Entmythologisierungsprogramm

Die schöpfungstheologische Fundierung einer existenzialen Sicht des Menschen wird bei Bultmann immer vorausgesetzt, obwohl in der Dialektischen Theologie das Vertrauen in die Schöpfung erschüttert war. Sie sah zwischen Gott und Welt nur einen einzigen Berührungspunkt in Jesus Christus – vergleichbar der Berührung der Tangente an einen Kreis. Die Schöpfung blieb dunkel. Hier wirkte die Katastrophe des Krieges nach. Doch unterschied sich Bultmann von K. Barth: Er sah in der Existenz des Menschen zumindest die Frage nach Gott als Vorverständnis für den Glauben angelegt.[50] In Skandinavien war

---

[50] R. Bultmann, Das Problem der natürlichen Theologie, in: GuV I, 1933, 294–312. Vgl. Chr. Axt-Piscalar, Augustin, Luther und das Luthertum, in: Bultmann Handbuch, 24–30, S.27: „In der existenzialen Analyse der Situation des natürlichen Menschen liegt für Bultmann die unaufgebbare Bedeutung und Funktion der ‚natürlichen Theologie'".

die Schöpfungstheologie nie so tief erschüttert worden wie im krisengeschüttelten Mitteleuropa. Sie wurde im zweiten Weltkrieg durch Knud Ejler Løgstrup sogar zur Bewältigung dieser Krise neu begründet. Gott setzt sich danach gegen die Skepsis des Menschen in „souveränen Lebensäußerungen" des Vertrauens durch.[51] Solch eine *Schöpfungstheologie* wäre eine erste Korrektur des Entmythologisierungsprogramms. Für die Suche nach der theologischen Wahrheit ist sie insofern zentral, als hier das Korrespondenzkriterium entscheidend ist: Entspricht der Glaube der Gesamtwirklichkeit als Schöpfung Gottes, die in souveränen Daseinsäußerungen den Menschen bestimmt?

Bultmann berief sich vor allem auf eine durch das „Kerygma" erneuerte Korrespondenz des Menschen mit Gott. Inhalt des Kerygmas sind Tod und Auferstehung Christi, die er existenzial deutet: Mit Christus sterben und mit ihm in ein neues Leben eintreten, das war der Kern der Botschaft. Wie die Dialektische Theologie lehnte Bultmann es ab, diese Deutung des Glaubens Christusmystik zu nennen. Gott bleibt gegenüber dem Menschen transzendent. Aber unverkennbar ist der Christusglaube, wie Bultmann ihn beschrieb, mit mystischem Erleben verwandt:[52] Das Kerygma löst den Menschen aus seiner Welt und bewirkt seine „Entweltlichung". Diese Entweltlichung entspricht der *purificatio* in der Mystik, durch die sich der Mensch aus der Welt löst. Ferner konfrontiert ihn das Wort mit dem *ex nihilo* schaffenden Gott, wenn ihm das Licht der Schöpfung neu aufgeht. Das entspricht in der Mystik der Begegnung mit Gott durch die *illuminatio*. Zwar wird eine *unio mystica* von der Kerygmatheologie strikt abgelehnt, weil Gott

---

[51] K.E. Løgstrup, Norm und Spontaneität. Ethik zwischen Technik und Dilettantokratie (1972), 1989, 6–36. Die dänische Schöpfungstheologie ist das Gegenteil der nationalprotestantischen „Erlanger Schöpfungstheologie" (P. Althaus/W. Elert): Sie basiert nicht auf Ordnungen von Volk, Staat und Rasse mit repressiven Zügen, sondern auf einer befreienden Dynamik, die sich in souveränen Daseinsäußerungen durchsetzt.

[52] Vgl. G. Theißen, Paulus und die Mystik, ZThK 110 (2013) 263-290.

und Mensch unendlich entfernt voneinander sind. Aber je stärker das Bewusstsein einer Distanz des Menschen gegenüber Gott ist, umso größer ist das Wunder der Nähe Gottes, zumal auch in der Mystik die *unio mystica* ein Grenzerlebnis ist, das eine *theologia negativa* nur von ferne gedanklich umkreist. Die Anerkennung einer *Christusmystik* wäre eine zweite Korrektur des Entmythologisierungsprogramms. Hier geht es um die Wahrheit des Glaubens auch nach dem Kriterium der Kohärenz: Stimmt das durch den Glauben an Christus neu geschaffene Leben mit allem überein, was wir als Gott erfahren und erkennen?

Die von der Dialektischen Theologie so schroff abgelehnte Mystik war im Übrigen als Glaube an den „Heiligen Geist" schon lange in das Glaubensbekenntnis aufgenommen worden. Denn der Heilige Geist ist Gottes Gegenwart im erneuerten Menschen. Bultmann erlebte sie im Kerygma: Nach ihm ist Jesus ins *Wort* auferstanden und wird durch Glauben im Menschen präsent. P. Ricœur hat vor seinem Tod diese These modifiziert: Danach ist Christus in den *Geist* auferstanden, Ostern und Pfingsten sind eine Einheit.[53] Es ist nur scheinbar ein kleiner Unterschied, ob man sagt, Christus ist ins Wort oder in den Geist auferstanden. Aber das Wort wird von der Kirche „verwaltet", der Geist weht, wo er will. Obwohl die Dialektische Theologie die Souveränität des Wortes gegenüber der Kirche betont hat, wirkte dieses Wort nur durch die Kirche. Der Geist aber ist nach der Bibel eine universale Kraft. Er ist in Israel außerhalb des Christentums lebendig. Er bewirkt nach Paulus in allen Kreaturen die Sehnsucht nach Freiheit (Röm 8,22f). Auch in der Kirche ist er nicht nur die Kraft, die nach innen hin Einheit schafft, sondern nach außen um Zustimmung wirbt. Die

---

[53] P. Ricœur, Lebendig bis in den Tod. Fragmente aus dem Nachlaß (franz. 2007), 2010, 79, deutet die Selbsthingabe Jesu nach Mk 10,45 als „Verbindung des *Kreuzes und Pfingsten*, in die ich in meiner Kritik der Erzählungen der leiblichen Auferstehung zurückkommen werde. Der Tod ohne Überleben macht Sinn in der dienenden Gabe, die eine Gemeinschaft stiftet."

Anerkennung eines „*Geistuniversalismus*" ist eine dritte Korrektur des Entmythologisierungsprogramms. Hier geht es um das dritte Wahrheitskriterium: den Konsens unter den Menschen. Denn der Geist ist in der biblischen Tradition die Kraft, Zustimmung über Sprach- und Kulturgrenzen hinaus zu schaffen. Jeweils eines der drei wichtigsten Wahrheitskriterien tritt also bei den drei Glaubensartikeln in den Vordergrund: Die Übereinstimmung mit Gott als Grund aller Wirklichkeit entscheidet über die Wahrheit des Glaubens nach einem *Korrespondenzkriterium*. Wenn Überlieferungen von Christus einen Zugang zu Gott ermöglichen sollen, müssen sie mit dem übereinstimmen, was wir von Gott sagen können. Hier urteilen wir nach einem *Kohärenzkriterium*. Der Glaube an den Heiligen Geist ist die Zuversicht, dass andere Menschen nach einem *Konsenskriterium* zustimmen, auch wenn die Zustimmung aller Menschen eine Utopie ist. Denn Religion hat als Resonanz auf die Gesamtwirklichkeit zwei Seiten: Einerseits ist sie die unmittelbare Gewissheit, dass der Mensch Geschöpf dieser Gesamtwirklichkeit ist, andererseits sind ihre Deutungen der Gesamtwirklichkeit mit Ungewissheit verbunden. Das zeigen Konflikte zwischen verschiedenen Religionen und in ein und derselben Religion. Umso wichtiger ist es, im Bereich der Religion ein Zutrauen zur Kraft des Arguments zu schaffen – und eine realistische Einschätzung dessen, was wir argumentativ klären können und womit wir als Geheimnis leben müssen. Religionen sollen so gestaltet werden, dass ein Zusammenleben auf der ganzen Welt möglich ist. Dabei folgen wir einem *pragmatischen Wahrheitskriterium*. Wahr kann nur sein, was sich im Leben und Zusammenleben bewährt.

III. Das Gottesverständnis

Manchmal wird bestritten, dass die Bibel entmythologisiert werden muss, da die biblischen Erzählungen keine Götter, sondern nur einen Gott kennen. War nicht schon der Durchbruch des Monotheismus eine „Entmythologisierung"? Aber dieser Durchbruch geschah innerhalb einer mythischen Weltdeutung. Aus Erzählungen von mehreren Göttern wurde eine Erzählung von nur einem Gott, der keine Götter als „Sozialpartner" hat, sondern Israel stellvertretend für alle Menschen. Im Alten Orient waren die privilegierten Sozialpartner der Götter die Könige als deren Abbild. Im Alten Testament aber wurde diese Ebenbildlichkeit allen Menschen unabhängig von Volkszugehörigkeit und Sozialstatus zugeschrieben.

Der Glaube an diesen einen Gott ist so faszinierend, dass es verständlich ist, wenn Bultmann weder seine Existenz, sein Handeln noch sein Sprechen problematisiert. Er ist mit der Dialektischen Theologie überzeugt, dass Gott letztlich durch seine Offenbarung in Christus Menschen von seiner Existenz überzeugt, dass er selbst den Glauben an ihn verifiziert. Diese Wahrheit ist nicht in „wahren" Aussagesätzen über Gott enthalten, sondern in der Aufnahme einer Beziehung zu ihm, die das ganze Leben umgreift. Wahrheit entspricht dabei einem Korrespondenzkriterium: Der Mensch findet seine Existenzwahrheit darin, dass sein Leben mit Gott übereinstimmt. Da dies durch menschliches Tun nicht möglich ist, ist diese Übereinstimmung reine Gnade. Doch auch in dieser Offenbarungstheologie gibt es Spuren einer philosophischen, religionsdialogischen und natürlichen Theologie.

Philosophische Theologie klingt nach, wenn Bultmann Gott als „alles bestimmende Wirklichkeit" definiert.[54] Das entspricht Formeln in der Bibel von dem Gott, „aus dem und durch

---

[54] R. Bultmann, Welchen Sinn hat es. von Gott zu reden? (1925), GuV 1, 36.

den und zu dem, alle Dinge" sind (Röm 11,36). Ihre hymnische Form wäre für Bultmann ein Zeichen, dass wir nicht in reflektierender, sondern nur in anbetender Sprache adäquat von Gott sprechen können. Dennoch ist die Rede von einer „alles bestimmenden Wirklichkeit" eine metaphysische Aussage, da sie sich auf das Ganze des Seins bezieht, das wir nicht durch empirische Erkenntnisse erfassen, sondern über jede Empirie hinaus nur denken können.

Auch kennt Bultmann als ein *religionsdialogisches* Thema den Austausch zwischen Urchristentum und antiken Religionen. Christliche wie nichtchristliche Gnostiker deuteten den Menschen als Funken eines in der Welt verlorenen göttlichen Lichts. Sterbende und auferstehende Gottheiten gab es auch in der paganen Antike. Die Religionsgeschichte diente Bultmann jedoch vor allem dazu, den christlichen Glauben gegenüber anderen Religionen zu profilieren, weniger dazu, das Christentum für einen Dialog mit ihnen zu öffnen. Seine Erkenntnisse blieben ohne Konsequenzen für den Religionsdialog.

Unverkennbar sind bei Bultmann einige Reste *natürlicher Theologie*. Die Suche nach Gott ist in der menschlichen Existenz angelegt. Der Dialektischen Theologie entspricht, dass diese Suche scheitert, der natürlichen Theologie aber, dass sie eben dadurch auf Gott weist. In diesem Sinne ist das Alte Testament Zeuge eines zerbrechenden Glaubens, der sich irrtümlich auf Volk, Land und König stützt,[55] das Neue Testament Zeuge eines scheiternden Menschen am Kreuz. Dabei muss man bedenken: In der Existenzphilosophie verwirklicht der Mensch im „Scheitern" seine wahre Existenz. Wenn Gottes Offenbarung in einem Scheitern erkannt wird, provoziert sie gerade dadurch ein existenzielles Wissen. Die Frage ist aber: Lassen sich alle Aussagen über Gott so in existenzielle Aussagen verwandeln? Oder ist für die Rede von Gott eine „Metaphysik" unverzichtbar, die von ihm als „Grund des Seins" oder einer „alles bestimmenden

---

[55] R. Bultmann, Die Bedeutung des Alten Testaments für den christlichen Glauben, GuV I, 313–336.

Wirklichkeit" spricht? Wenn wir diese „metaphysischen" Aussagen nicht mehr wörtlich verstehen können, so folgt daraus: Wir müssen sie genauso kritisch interpretieren wie mythische Aussagen, müssen also die existenziale Mythenhermeneutik durch eine Metaphysikhermeneutik ergänzen, indem wir metaphysische Aussagen als Suchprogramme deuten, mit denen wir nach dem Ganzen der Wirklichkeit fragen.

Auch bei Bultmann finden wir diese Suchbewegung, wenn er fragt: „Welchen Sinn hat es, von Gott zu reden?" Er beantwortet sie mit der These, dass die dialogische Sprache des Gebets und der Verkündigung die einzig adäquaten Redeformen von Gott sind. Das ist einseitig, denn schon das Gebet enthält andere Sprachformen, z.b. metasprachliche Aussagen über das Gebet wie: „Ich rufe zu Dir!", darüber hinaus doxologische Aussagen in der dritten Person wie: „Gelobt sei sein Name", ferner narrative Aussagen in Erinnerungen an die Herausführung aus Ägypten, aber auch imperativische Aussagen, die auf Gebote Bezug nehmen. Alle Sprachformen müssen wir „metasprachlich" darauf hin überprüfen, ob sie Gott angemessen sind.

Diese Pluralität der Redeformen von Gott ist in religionskritischen Zeiten eine Chance. Nur durch verschiedene Zugangsweisen können wir uns der Realität nähern. Wir nehmen z.B. räumliche Distanz wahr, weil wir sie durch zwei Augen in verschiedenem Winkel sehen. Wir erkennen mikrophysikalische Prozesse komplementär als Korpuskel oder Welle. Wir vertrauen Menschen, weil wir ebenso durch Sprache wie durch Mimik mit ihnen kommunizieren. Komplementäre Zugangswege begründen die Zuversicht, dass wir es mit einer objektiven Realität zu tun haben. Denn wir werden niemals unsere subjektiven Vorstellungen mit der objektiven Realität vergleichen können, sondern immer nur subjektive Vorstellungen untereinander. Auch religiösen Aussagen vertrauen wir mehr, wenn sie aus verschiedener Perspektive in dieselbe Richtung weisen. Daraus folgt: Wenn wir in der Bibel und ihrer Wirkungsgeschichte verschiedene Gottesbilder entdecken, so ist das eine Chance, in diesen vielen Gottesbildern mythischer und mystischer, philosophischer und poetischer Gestalt ein und dieselbe Wirklichkeit zu erkennen. Das Bewusstsein dieser Pluralität in der eigenen Religion fördert zugleich die Offenheit für die mannigfaltigen Gottesbilder in anderen Religionen. Und umgekehrt: Gottesbilder anderer Religionen lassen uns in der eigenen Religion verwandte Gottesbilder entdecken. Daher ist es so wichtig zu erkennen, dass wir in ein und derselben Religion in sehr verschiedener Weise von Gott sprechen.

Die Bibel spricht *narrativ* von Gottes Handeln. Eigentlich müsste Bultmann ihre Erzählungen von Gott als mythische Rede in Aussagen über menschliche Existenz verwandeln. Doch er spricht mit Nachdruck vom einem objektiven Handeln Gottes, auch wenn es nur im einzelnen Menschen erfahren wird. Er sagt, Gottes Handeln sei in der Geschichte nicht erkennbar, aber setzt es stillschweigend voraus. Wenn die narrative Rede von Gott sinnvoll sein soll, müssen wir auch sie „entmythologisieren". Könnte sie vielleicht den Sinn haben, die Wirklichkeit so zu deuten, dass sie für Handeln überhaupt offen ist, auch für das Handeln des Menschen?

Eine zweite Form des Redens von Gott ist *dialogisch*. Wenn Gott eine Person ist, schafft Sprache Kontakt mit ihm: Psalmen und Propheten, Gebet und Predigt sind Dialoge zwischen Gott und Mensch, für Bultmann die einzig legitime theologische Redeform. Denn die Beziehung zu Gott ist eine Ich-Du-Beziehung. Doch was berechtigt, von Gott als Person zu reden? Für den Glauben ist das eine Existenzfrage. Denn Predigt und Gebet sind zentrale religiöse Sprachformen. Auf jeden Fall gilt: Erfahrungen Gottes sind Erfahrungen, die zu einer „Antwort" herausfordern, die wir als „Resonanz" deuten. Religion ist Resonanz der Gesamtwirklichkeit im Menschen, der sich mit seinem Sprechen und Denken intentional auf ihren Ursprung zurückbezieht. Wir sind ein Klangkörper, der zum Schwingen gebracht wird.

Eine besondere Sprachform ist in der Religion *doxologisch*. Das Lob Gottes geschieht in ihr in der dritten Person. Kein Einwand gegen doxologische Sprache ist, dass Rede in der dritten

Person von Gott wie von einem Abwesenden spricht, während Gott überall anwesend ist. Doxologische Aussagen über Gott laden andere Menschen ein, in sein Lob einzustimmen, weiten also den Dialog auf andere Menschen aus. Wenn aber die Doxologie zeigt, dass die Eingrenzung legitimer Rede von Gott auf eine dialogische Rede unzulässig ist, kann dann metaphysische Rede von Gott in der 3. Person verwerflich sein? Muss man nicht auch Metaphysik als Resonanz der Gesamtwirklichkeit in unserem Denken verstehen, d.h. als kognitives Suchprogramm nach dem Ursprung dieser Resonanz?

Der von der Gesamtwirklichkeit ergriffene Mensch erfährt sie als Herausforderung in Form eines Imperativs, als komme alles darauf an, jetzt das Richtige zu tun, um ihr zu entsprechen. Diese *imperativische* Sprachform steht als „Gesetz" im Zentrum des Alten Testaments, begegnet aber auch in Mahnworten und Maximen der Weisheit. Immer stellt sich dabei die Frage: Stecken hinter Gottes Imperativen nicht in Wirklichkeit die Imperative menschlicher Gruppen? Aber wer im Namen Gottes fordert: „Du sollst nicht töten!", meint gewiss nicht, nur im Namen seiner Gruppe zu sprechen. Oder entmythologisiert schon die Bibel solche göttlichen Imperative? Werden sie nicht schon in der Bibel zur inneren Stimme im Menschen? Gott legt sein Gesetz in die Herzen der Menschen. Der Mensch soll das Gute tun, ohne dass ein anderer ihn lehrt (Jer 31,31–34). Autonomes Handeln soll Erfüllung des göttlichen Willens sein! Dadurch realisiert er seine „Ebenbildlichkeit". Liegt solch eine fundamentale Entsprechung von Urbild und Ebenbild der imperativischen Erfahrung zugrunde, die uns als Resonanz bewegt?

Ferner sei die *mystische* Rede von Gottes Gegenwart im Menschen genannt. Im Neuen Testament begegnet sie als Sein „in Christus" und als Wohnen des Geistes im Menschen. Es ist eine Mystik der Verwandlung durch Christus und den Geist, eine transformative Mystik. Der Mensch stirbt mit Christus und hat Anteil an dessen neuem Leben jenseits des Todes. Hier kommt es zu einer intensiven Resonanzerfahrung – nicht aufgrund dessen, was der Mensch ist, sondern was er sein könnte. Mystische Sprache geht dabei in Schweigen über, weil alles Sprechen dem Leben verhaftet ist, das der Mystiker verlassen hat. Diese Mystik der Stille enthält eine Kritik an allen anderen Formen der Rede von Gott: Sie alle sind inadäquat.

Wir schließen mit der *philosophischen* Rede von Gott. Sie kann die religiöse Rede von Gott nicht begründen, wohl aber rechtfertigen. Sie bezieht sich als Metaphysik auf Gott, als Religionsphilosophie auch auf das religiöse Subjekt. Die metaphysische Aussage: „Alle Dinge sind aus Gott, durch Gott und zu ihm hin", ist im Epheserbrief ein Nachklang philosophischen Nachdenkens über Gott.[56] Sie macht deutlich, dass das vermeintliche „Objekt" das Subjekt umgreift – denn der Sprecher selbst gehört zu dem, was durch Gott und auf ihn hin existiert.

Solche Aussagen über Gott haben eine existenzielle Dimension, ohne dass man sie restlos in existenzielle Aussagen transformieren kann. Wir müssen durch Metaphysikhermeneutik die Entmythologisierung ergänzen: Was einmal als metaphysische Aussage über die Wirklichkeit galt, können wir heute als Suchprogramm verstehen, das nach Sinn, Struktur und Vernunft in der Wirklichkeit sucht. Die metaphysische Rede von Gott ist eine Suche nach der letzten Ursache, nach dem Ganzen und dem Sinn des Ganzen. Die Existenz solcher Suchprogramme rechtfertigt Versuche, von Gott zu reden.[57]

Die Vielfalt der religiösen Sprache in der Bibel und in anderen religiösen Texten wie dem Talmud und dem Koran erlaubt es nicht, eine bestimmte Sprachform zur einzig legitimen Sprache zu erheben. Darüber hinaus hat unser erster Durchgang

---

[56] M. Grundeken, Der eine Gott, der durch alle ist, Epheser 4,6 im Kontext antiker Diskurse über Gott und Welt, WUNT 445, 2020.
[57] Modell für solch eine Metaphysikhermeneutik ist R. Bultmanns Hermeneutik, der die existenzielle Ausrichtung des Menschen auf Gott nicht als religiöses Apriori deutet, sondern als eine Frage nach Gott, in der die Antwort nicht schon enthalten ist, d.h. als ein offenes Suchprogramm.

gezeigt: Alle religiösen Sprachformen setzen eine Entsprechung zwischen Mensch und Gott voraus. In akustischer Metaphorik kann man diese Entsprechung *Resonanz* nennen, in optischer Metaphorik *Ebenbildlichkeit*, in verbaler Metaphorik *Wortdynamik*, die den Menschen so verändert, dass er Gott entspricht.[58] Verschiedene Entsprechungen zwischen ihm und der Gesamtwirklichkeit schaffen im Menschen die Gewissheit, dass er in der Religion Wahrheit findet: die Korrespondenz seiner Existenz mit Gott. Religiöse Erfahrung ist das Erleben dieser Korrespondenz, Motivation durch sie ist religiöses Handeln, Inspiration durch sie religiöses Sprechen. Es ist teils ein mythologisches Sprechen, teils metaphysisches Nachdenken. Beides muss gedeutet werden. Zur kritischen Mythenhermeneutik muss eine kritische Metaphysikhermeneutik treten. Die Beziehung zu Gott durch Erfahrung und Handeln, Sprache und Denken geschieht in großer Vielfalt. Diese Vielfalt soll in einem zweiten Durchgang durch die religiösen Sprachformen ausführlicher besprochen werden.

1. Narrative Rede von Gott

Religiöse Sprache besteht zu einem großen Teil in Erzählungen vom Handeln Gottes, das den Menschen in seinem Leben behütet und beschützt, ihn durch Höhen und Tiefen führt. Gott erscheint als personale Macht, die in Einzelereignissen tätig ist und zugleich den Rahmen garantiert, in dem die Wirklichkeit so berechenbar wird, dass wir in ihr handeln können: den Kreislauf von Sonne und Sternen, Sommer und Winter, das Wachsen von Pflanzen und Tieren. Kann man solch eine Rede von Gott überhaupt „entmythologisieren"? Setzen nicht Gottesdienste und Gebete einen Gott voraus, der durch Strukturen und durch Interventionen die Welt „regiert"?

---

[58] Zu diesen drei Grundmetaphern vgl. G. Theißen, Resonanztheologie, 2020, 47–98.

Wir müssen diese anthropomorphe Rede existenzial entschlüsseln. Wir hatten gesehen: Der Glaube an einen intervenierenden Gott gibt dem Menschen die Zuversicht, dass die Wirklichkeit auch für seine Interventionen offen ist. Er vertraut auf die Stabilität der Naturgesetze, ohne die kein Handeln möglich wäre. Nur deshalb kann er in den Lauf der Dinge intervenieren und sein Leben selbst bestimmen. Sofern er dabei frei handelt, ist er ein „Ebenbild" Gottes und die Unbegründbarkeit seines Handelns ein Ebenbild der in Gott fundierten Unbegründbarkeit der Wirklichkeit. Religionskritik hat insofern nicht Unrecht, wenn sie im Bild des handelnden Gottes das Bild des Menschen vermutet, der seine Zuversicht absichert, in dieser Welt sinnvoll handeln zu können.

Gott ist aber mehr als die Projektion des handelnden Menschen. Wenn Gott wirklich die „alles bestimmende Wirklichkeit" ist, dann ist er in Strukturen und Ereignissen immer und überall objektiv wirksam. Alles, was sich im Laufe der Evolution entwickelt, muss sich an sie anpassen, auch unser Leben und Handeln. Er wird subjektiv für uns jedoch nur hin und wieder erkennbar – am deutlichsten da, wo wir überraschend Übereinstimmung mit ihm erleben. Wir entdecken ihn leichter in positiven Ereignissen, wenn z.B. am Morgen die Sonne aufgeht oder wenn unsere Handlungen überraschend gelingen, aber ebenso in negativen Grenzerfahrungen, etwa im Scheitern von Plänen oder beim Tod eines Menschen. Überall stoßen wir auf eine Realität, der sich alles anpassen muss – vom kleinsten mikrokosmischen Elementarteilchen bis hin zum Menschen. Manchmal zeigt sie sich in überwältigenden Resonanzerfahrungen, oft verbirgt sie sich in Erfahrungen abgründiger Absurdität.

Gott zeigt sich uns in zwei Weisen: existenzial als Weg zu einem erfüllten Leben in einer interventionsoffenen Welt, objektiv als Gesamtwirklichkeit, der sich alles anpassen muss. Daraus folgt: Das Vertrauen, dass beides übereinstimmt, dass die Gesamtwirklichkeit unsere Lebenswelt ausreichend stabil sein lässt, um berechenbar zu sein, aber offen genug, dass wir selbstbestimmt unseren Weg in ihr finden können, können wir nicht selbst geschaffen. Diese Verbindung von Berechenbarkeit und Offenheit der Welt, von Abhängigkeit und Freiheitsspielräumen ist mit ihrer und unserer Existenz kontingent gegeben. Wir erleben uns darin als „schlechthin abhängig". Der Glaube an Gott ist Glaube an eine interventionsoffene Welt, die wir als Gabe akzeptieren, als stecke hinter ihr eine überlegene Vernunft, die unser Leben und Handeln ermöglicht.

Wenn wir in dieser Weise traditionellen „mythischen" Vorstellungen vom handelnden und intervenierenden Schöpfer einen Sinn abgewinnen, sollte uns bewusst sein: Wir können uns stufenhermeneutisch dem Glauben an einen handelnden Gott nähern, aber müssen nicht gleich alle Stufen betreten. Religiöse Bilder sagen, dass Gott in dieser Welt interveniert und ebenso sein Ebenbild, der Mensch. Der Entwurf einer für Gottes Interventionen offenen Welt ist Schrittmacher für die Interventionen des Menschen. Aber wir können noch eine Stufe weitergehen: Die Voraussetzungen für diese Interventionsoffenheit der Welt kann kein Mensch schaffen, sondern nur empfangen. Diese Welt ist poetisch gesprochen eine „Gabe Gottes". Wir erleben die Übereinstimmung zwischen ihrer interventionsoffenen Struktur und unserem Tun als Resonanz, die zugleich beschenkt und verpflichtet. Diese Resonanzerfahrung kann so intensiv sein, dass sie auf einer weiteren Stufe zum Dialog wird.

2. Dialogische Rede mit Gott

Wir variieren noch einmal unsere Definition von Religion: Religion ist Resonanz der Gesamtwirklichkeit im Menschen, die sich auf ihren Ursprung zurückbezieht. Der Mensch bezieht sich auf ihn durch Gebet und Meditation. Sie sind zentrale religiöse Lebensäußerungen. Das Gebet gibt dem Individuum einen entscheidenden Ort in der Religion, selbst wenn er nach vorformulierten Mustern betet wie dem „Gelassenheitsgebet" des Theologen Reinhold Niebuhr (1892–1971):[59]

> Herr, gib mir die Gelassenheit, Dinge hinzunehmen,
> die ich nicht verändern kann.
> Gib mir Mut, Dinge zu ändern,
> die ich ändern kann.
> Und gib mir die Weisheit,
> das eine vom andern zu unterscheiden.

Wenn wir eine Beziehung zu Gott aufnehmen, stellt sich die Frage: Was muss ich ertragen, weil ich es nicht ändern kann? Was mutet Gott mir zu? Ferner: Was kann ich ändern? Anders gesagt: Was fordert Gott von mir? Schließlich die dritte Frage: Wofür darf ich dankbar sein – sowohl für das, was mich als Herausforderung aktiviert, wie für das, was ich passiv empfange?

Auch hier meldet sich unsere moderne Skepsis: Ist nicht die Deutung Gottes als Person, zu der man beten kann, ein mythischer Rest? Schafft nicht erst der Wunsch nach Lebensbewältigung das Bild eines Gottes, der auf Gebete hört, Wünsche akzeptiert und Verfehlungen vergibt? Doch man kann schon innerhalb solch einer Religionskritik fragen: Verstärkt dieses Gottesbild nicht indirekt in uns ein Selbstbild, das für unser Zusammenleben gut ist? Wenn Gott fürsorglich ist, werden auch wir darin verstärkt, für andere zu sorgen. Wenn er verzeiht, werden wir motiviert, dass auch wir verzeihen. Wenn der Mensch das Ebenbild Gottes ist, dann soll Gott als sein „Urbild" ihn verpflichten: Ich und kein anderer ist gefordert, sich um andere Menschen zu kümmern. Ich und kein anderer ist gefragt, ob er anderen verzeiht. Solche Überlegungen schaffen

---

[59] Das Gebet wird häufig dem württembergischen „Kirchenvater" Friedrich Christoph Oetinger zugeschrieben. Der Pädagoge Theodor Wilhelm hatte eine deutsche Übersetzung von Niebuhrs Gebet in einem Buch veröffentlicht, das er unter dem Pseudonym Friedrich Oetinger erscheinen ließ. Aufklärung darüber findet man in: http://www.wlb-stuttgart.de/sammlungen/handschriften/bestand/nachlaesse-und-autographen/oetinger-archiv/gelassenheitsgebet/.

freilich nur Verständnis dafür, warum wir uns Gott als Person vorstellen, aber sie rechtfertigen es nicht.

Gibt es noch überzeugendere Gründe dafür, sich Gott als Person vorzustellen? Auch hier gehen wir stufenhermeneutisch vor: Wir sind als Person durch die Gesamtwirklichkeit hervorgebracht. Daher ist es sinnvoll zu fragen, ob in ihr etwas unserem Person-Sein entspricht. Person sind wir, weil wir frei handeln und sprechen. Freie Handlungen sind kontingente Handlungen, die auch nicht oder anders verlaufen könnten. Sie entsprechen der Kontingenz des Daseins überhaupt. Die ganze Wirklichkeit erfahren wir als ebenso kontingent wie unsere Entscheidungen. Die Kontingenz der Gesamtwirklichkeit findet daher ein Echo in der Kontingenz unserer Entscheidungen. Diese Beziehung zur Gesamtwirklichkeit erfasst das *akustische* Bild der „Resonanz". Wir geraten durch Berührung mit der Gesamtwirklichkeit in Schwingungen, die von außen angeregt sind und deren Ursprung wir nur unvollkommen erkennen. Weite Bereiche dieser Gesamtwirklichkeit sind für uns unerreichbar. Aber wir können dennoch zu ihr eine Beziehung aufnehmen, die analog der Ich-Du-Beziehung unter Menschen ist. Auch bei Menschen gilt: Sie sind nur begrenzt für uns erreichbar. Wir kennen sie nur unvollkommen. Dennoch wird unser Leben mit Resonanz erfüllt, wenn wir uns für sie öffnen. Wenn Religion Resonanz der Gesamtwirklichkeit im Menschen ist, die sich intentional auf ihren Ursprung zurückbezieht, so sind Gebet und Meditation angemessene Formen dieses Rückbezugs. Wenn wir diesen Ursprung klarer erkennen können, liegt als religiöses Symbol dafür das *optische* Bild der Ebenbildlichkeit des Menschen nahe: Bilder kann man sehen. Unser ganzes Dasein ist Ebenbild der Kontingenz des Daseins überhaupt.

3. Doxologische Rede von Gott

Eine besondere Form des Gebets ist das doxologische Lob Gottes, denn sie vollzieht sich nicht nur in der 2. Person Singular, sondern auch in der 3. Person:

> Lobe den Herrn, meine Seele,
> und was in mir ist, seinen heiligen Namen!
> Lobe den Herrn, meine Seele,
> und vergiss nicht, was er dir Gutes getan hat ...
> Barmherzig und gnädig ist der Herr,
> geduldig und von großer Güte. (Ps 104,1–8)

Das Lob Gottes in der dritten Person spricht gegen die Begrenzung legitimer religiöser Rede von Gott auf Ich-Du-Aussagen. Daher gibt es den Versuch, die doxologische Rede zur Grundlage der Lehre von Gott zu machen, die von Gott in der dritten Person spricht, ohne dass sie schon dadurch ihren Gegenstand verfehlt. Noch einmal sei an die Formel in Eph 4,6 erinnert, die Analogien in philosophischen Texten hat. Sie spricht von Gott als dem, „der da ist über allen und durch alle und in allen" und formuliert damit einen Pan-en-theismus: Alles existiert durch Gott und in Gott, der alles durchdringt und in allem präsent ist.

Das doxologische Lob Gottes wird auch aus ethischen Gründen kritisiert. Ein Religionskritiker fragt: Ist es nicht Lobhudelei, wenn man angesichts der Übel in der Welt den lobt, der „alles so herrlich regiert"![60] Andere Religionskritiker werfen der Religion dagegen vor, sie verdunkele die Welt als Jammertal. Beide Kritiken relativieren sich gegenseitig, aber beleuchten zusammen eine Stärke der Religion. Religion kann Abgründe von Leid und Schuld bewusstmachen und trotzdem daran festhalten, Gott zu loben. Nach dem letzten Krieg diskutierten jüdische Rabbinen in Vilnius, wer am Holocaust schuld sei. Nach langer Diskussion verurteilten sie in der Nacht Gott als schuldig. Danach herrschte langes Schweigen. Es war finster. Als

---

[60] So K. Flasch, Warum ich kein Christ bin. Bericht und Argumentation, 2013, 255.

nach einiger Zeit die Sonne aufging, öffnete ein Rabbi das Fenster und sagte: „Es ist Zeit für das Morgengebet. Lasset uns Gott loben und preisen!"[61] Das Kirchenlied „Lobet den Herren, der alles so herrlich regieret!" verbindet indikativische, imperativische und futurische Aussagen. Sie wollen dazu bewegen, das Gute zu entdecken und fragen: „Hast du nicht dieses [sc. die Güte Gottes] verspüret?" Sie fordern imperativisch: „Kommet zuhauf, Psalter und Harfe, wacht auf!" Sie bringen eine Erwartung zum Ausdruck: „Denke daran, was der Allmächtige kann!" Loben will die Lobenden motivieren, ihre positive Einstellung zum Dasein zu erneuern. Es ist ein „performativer" Akt, der nicht die Existenz des Guten konstatiert, sondern im Lobenden eine Wende bewirken will, dass er das Gute entdeckt, verwirklicht und erhofft. Es aktiviert im Menschen ein Suchprogramm (inklusive ein Handlungsprogramm) nach dem Guten: Wenn er die Spuren dessen entdeckt, dass Gott die Welt gut lenkt und regiert, soll er als sein Ebenbild darauf vertrauen, dass auch er die Welt in seinem winzigen Bereich gut „regieren" kann. Loben ist Ausdruck von Resonanz des Menschen mit der Gesamtwirklichkeit.

Richtig ist: Dieses Vertrauen scheitert immer wieder. Daher gibt es im Psalter weit mehr Klagelieder als Loblieder. Die Klagen werfen die unlösbare Theodizeefrage auf, die immer unlösbar bleiben muss: „Die Frage nach einem Sinn des Leidens *muss* unbeantwortet bleiben. Denn wer einen Grund weiß, warum Menschen leiden müssen, hätte auch einen Grund, sie leiden zu lassen, entweder indem er es unterlässt zu helfen oder Leid zufügt um höherer Ziele willen."[62] Man kann nur lernen, aufrichtig mit dieser unlösbaren Frage zu leben.

---

[61] Nach H. Zahrnt, Mutmaßungen über Gott. Die theologische Summe meines Lebens, 1994, 125.
[62] G. Theißen, Glaubenssätze. Ein kritischer Katechismus, 2012, 320.

4. Imperativische Rede Gottes

Gott begegnet in der Bibel als fordernder Gott, der Gebote für alle Menschen, aber auch individuelle Forderungen an einzelne Menschen formuliert. Er erlässt am Sinai sein allgemeines Gesetz in zwei Stufen: Das ganze Volk hört die zehn Gebote, alle weiteren Gebote werden durch Moses vermittelt. Charakteristisch für seine Gebote sind:

- Diese Gebote werden nicht wie das Gesetz des Hammurabi durch einen König vermittelt. Alle im Volk sind Könige. Israel ist ein „Königreich von Priestern" (Ex 19,6).
- Die Gesetze werden erlassen, bevor Israel im Land ist. Sie antizipieren die Zukunft und enthalten auch utopische Inhalte wie die Vision eines Besitzausgleichs (Lev 25,1–31).
- Gebote mit und ohne Sanktionsandrohung stehen nebeneinander. Recht und Ethos sind in diesem Gesetz verbunden. Gerade bei sozialen Gesetzen betont Gott seine Gottheit. „Du sollst deinen Nächsten lieben, wie dich selbst; ich bin der Herr" (Lev 19,18). Aber es gibt hier keine vom Gesetz vorgeschriebene Sanktion, wenn man dagegen verstößt!
- Zwischen moralischen Geboten für den Alltag und kultischen Geboten für den Gottesdienst wird nicht unterschieden. Auch die Erfüllung moralischer Forderungen ist Gottesdienst.

Der narrative Rahmen der Gesetzgebung am Sinai mit Blitz und Donner ist eine mythische Erzählung. Sie ist Poesie des Heiligen. Muss man sie nicht konsequent entmythologisieren? Karl Marx, Friedrich Nietzsche und Sigmund Freud haben die religiös begründete Moral in verschiedener Weise als Repression entmythologisiert, als Unterdrückung des Volkes durch die Herrscher, als Knebelung der Herrscher durch das Ressentiment kleiner Leute oder als Unterdrückung eigener Wünsche durch das Über-Ich. Moderne Ideologiekritik deutet daher *Moral als Machtausübung* durch die Herrscher, das Volk oder das Gewissen, das als verinnerlichte Elternspur gedeutet wird. Der

Historismus erkannte, dass alle ethischen Normen *menschliche Konstrukte* sind, die sich geschichtlich verändern und nicht universal gelten. Philosophische Grundlagenkritik lehrte schließlich, dass aus Wissen von Fakten keine Normen ableitbar sind: *Aus Sein folgt kein Sollen*, alles andere ist ein naturalistischer Fehlschluss. Es gibt daher keine Letztbegründung für ethische Normen durch Erkenntnis. Dennoch müssen wir uns um eine rational begründete Ethik durch ein „fundamentalethisches Dreieck" bemühen, das drei Maßstäbe hat: Übereinstimmung mit Regeln, mit unseren Mitmenschen und mit uns selbst. Ziel sind universale Regeln für alle Menschen, Übereinstimmung mit allen Menschen und nicht nur mit einigen, Übereinstimmung nicht nur mit unserem „faktischen", sondern unserem „existenzialen Selbst".

Regelorientierung	Nächstenorientierung	Selbstorientierung
Wir orientieren unser Handeln an allgemeinen Regeln. Moralische Regeln sind universal.	Wir orientieren unser Handeln an den Bedürfnissen des Nächsten. Wer helfen kann, ist dazu verpflichtet.	Wir orientieren unser Handeln an unseren individuellen Möglichkeiten, die zu entfalten wir verpflichtet sind:
Die Ethik der Gerechtigkeit wird im kategorischen Imperativ zusammengefasst:	Die Ethik der Fürsorge wird in der Goldenen Regel zusammengefasst:	Die Ethik der Selbstverwirklichung, z.B. als oikeiosis-Lehre der Stoa.
Zentrale Norm ist der *kategorische Imperativ*: Handle so, dass die Maxime deines Tuns Grundlage einer allgemeinen Gesetzgebung sein kann (I. Kant).	Zentrale Norm ist der *soziale Imperativ* der Goldenen Regel: Verhalte Dich gegenüber anderen, wie du wünschst, dass andere sich Dir gegenüber verhalten (Mt 7,12).	Zentrale Norm ist der *existenziale Imperativ*: „Werde der, der du bist!" Es ist deine Pflicht, Deine Gaben zu entfalten. Verwirkliche dich selbst!

Müssen wir grundsätzlich auf eine religiöse Begründung der Ethik verzichten, vielleicht sogar mit dem Argument, dass wir aus ethischen Gründen dazu verpflichtet seien? Ethik soll ja das Verhalten zwischen allen Menschen regeln. Da religiöse Prämissen aber nicht von allen akzeptiert werden, erhöht eine religiöse Begründung der Ethik den Unfrieden in die Welt.[63] Richtig ist: Die Berufung auf Gott bringt eine neue Realität ins Spiel. Gott ist ein Selbstzweck. Alles in der Welt dient einem anderen Zweck. Hier aber finden wir etwas, das in sich selbst sinn- und zweckvoll ist. Daraus folgt: Überall da, wo universale Regeln, der andere Mensch oder das eigene Selbst als Selbstzweck betrachtet werden, leuchtet in diesen drei Instanzen ein göttliches Licht auf. Alle drei Typen einer autonomen Ethik können daher religiös begründet oder durch Religion verstärkt werden.

Regeln als Selbstzweck	Der Andere Mensch als Selbstzweck	Das Eigene Leben als Selbstzweck
Rationalität Die menschliche Vernunft ist Abglanz der Vernunft Gottes, wie sie sich in der Ordnung der ganzen Welt zeigt.	*Altruismus* Die Hilfe für nicht genetisch Verwandte als Brüder und Schwestern aktiviert die Verwandtschaft aller Menschen als Geschöpfe Gottes.	*Autonomie* Gott beruft einzelne Menschen, die wie Abraham ihr Vaterland verlassen. Sie verlassen ihre Gemeinschaft.
Gott als Gesetzgeber Gott kontrolliert auch das Verhalten, das sich sozialer Kontrolle entzieht, weil es im Verborgenen stattfindet.	*Gott als Vater* Gott wendet sich auch denen zu, die Fremde, Versager oder Feinde sind.	*Gott als Rufender* Gott beruft Menschen durch singuläre Gaben und Aufgaben – auch in Spannung zu ihren Gemeinschaften.

Es ist gewiss ein anthropomorphes Bild, wenn Religion von der Forderung des Guten als Gebot Gottes spricht, aber dieses Bild bringt Grund und Grenze unserer Ethik sehr gut zum Ausdruck. In jeder Ethik bleibt eine letzte Unbegründbarkeit. Dem entspricht der Ausgangspunkt beim unbegründbaren Willen Gottes. Dieser Wille hat gleichzeitig als Wille dessen, der alles ge-

---

[63] Doch folgt daraus m.E. nur, dass man Ethik religiös *und* rational begründen muss. Wenn beide Begründungen unabhängig voneinander sind und übereinstimmen, umso besser! Denn wir haben keine andere Gewissheitsquelle als solche Übereinstimmungen.

schaffen hat, eine universale Weite. Normen, die so unbegründbar sind, wie Daseinskontingenz überhaupt, erhalten durch diesen Willen allgemeine Geltung. Nun wissen wir aber: Diese Normen haben sich in der Geschichte verändert. Das Bild vom lebendigen Gott, der seine Gebote revidiert und neu erlässt, wird dem gerecht. Als Grundlage der Ethik konfrontieren die Bilder von Gott den Menschen mit kontingenten, geschichtlich sich ändernden, aber dennoch gültigen Forderungen, sei es als allgemeinen Forderungen oder als individuelle Herausforderungen. Sofern der Mensch Ebenbild Gottes ist, soll er Gebote so internalisieren, dass sie zur Stimme seines eigenen Herzens werden. Er soll nicht von außen stammenden Geboten folgen, sondern sich selbst. Darauf zielt der neue Bund, in dem Gott das Gebot in das Herz der Menschen legt (Jer 31.31). In diesen Bildern einer religiösen Ethikbegründung werden Kontingenz und Geschichtlichkeit der Ethik mit ihrer Allgemeingültigkeit und Verpflichtungskraft verbunden. Vor allem aber machen sie eine elementare Voraussetzung jeder Ethik bewusst, die wir noch nicht angesprochen haben: Alle ethischen Normen setzen voraus, dass der Mensch das Leben bejaht: Leben soll sein! Lebensbejahung aber ist so grundlos wie die Existenz aller Dinge. Sie ist ein Echo der religiösen Grunderfahrung von Daseinskontingenz überhaupt. Ohne die Prämisse: „Leben soll sein!" gäbe es keine Ethik. In vielen ethischen Reflexionen wird diese Prämisse als selbstverständlich vorausgesetzt. Sie ist es aber nicht. Wenn sich Ethikbegründung in religiösen Bildern von Geboten Gottes am Berg Sinai und der Bergpredigt als Auslegung dieser Gebote vollzieht, entwirft sie realistische Bilder von Grund und Grenze unserer Ethik. Aber es sollte kein Zweifel daran bestehen: Es sind Bilder.

5. Mystische Rede von Gott

Die Dialektische Theologie bestritt das Recht der Mystik und trug so zur Verarmung des Glaubens bei. Was aber ist Mystik? Es ist Sehnsucht nach einer Nähe zu Gott, die bis zur Vereinigung mit ihm geht. Auch das Neue Testament spricht von Gott in mystischer Sprache: „Gott ist Liebe, und wer in der Liebe bleibt, der bleibt in Gott, und Gott bleibt in ihm" (1Joh 4,16). Religionsgeschichtlicher Vergleich erkennt drei Stufen der Mystik: *purificatio, illuminatio* und *unio mystica*:[64] erstens eine Befreiung des Menschen von der Welt, zweitens seine Verwandlung durch Kontakt mit einer göttlichen Realität und drittens die Vereinigung mit ihr. Alle drei Stufen finden wir bei Paulus. Die Befreiung von der „Welt" nannte Bultmann „Entweltlichung". Das Wort Gottes reißt den Menschen aus innerweltlichen Bindungen. Paulus wurde der Welt gekreuzigt (Gal 6,14). Er kennt auch die Stufe der *illuminatio*: Christus wird zum Licht der Schöpfung (2Kor 4,6), dessen Schau ihn verwandelt (2Kor 3,18). Auch hier könnte Bultmann zustimmen: Wenn sich der Mensch aus allen irdischen Bindungen gelöst hat, erfährt er das Wort Gottes als schöpferische Kraft, die ihn neu schafft. Der dritte Schritt ist die *unio mystica* durch Deaktivierung aller erlernten und ererbten Erkenntnisstrukturen. Paulus spricht von diesen Strukturen in mythischer Sprache wie von überirdischen Mächten, von Hohem und Tiefem, Gegenwärtigem und Zukünftigem (Röm 8,31–39), erlebt aber beim Transzendieren dieser Unterschiede keine Selbstauflösung in Gott, also keine Entleerung des Bewusstseins von jedem Inhalt, sondern wird von der Liebe Gottes erfüllt. Diese Liebe vereint ihn mit Gott als einer Realität jenseits von Tod und Leben, Raum und Zeit.

---

[64] C.A. Keller, Christliche Mystik und Mystik der Religionen. Inwiefern sind sie vergleichbar, inwiefern sind sie nicht vergleichbar? Vortrag 21. März 1998, http://www.carl-a-keller.ch/christliche_Mystik_und_Mystik_der_Religionen.php. Zugriff 26.1.2013.

Verständlicherweise gibt es Zweifel an solchen Berichten von mystischen Erfahrungen. Handelt es sich nur um literarische Muster und eine „Mystik nach Schablone"? Dagegen spricht, dass wir kontemplative Bewusstseinszustände neurowissenschaftlich nachweisen können.[65] Mystische Erlebnisse sind erlebnisecht. Man kann sie deswegen nicht auf Gehirnzustände reduzieren. Wenn wir bei Menschen, die Mathematik treiben, neurowissenschaftlich Gehirntätigkeiten feststellen, werden wir daraus nicht schließen, mathematische Erkenntnisse seien nicht gültig. Neurologisch wird freilich nur die Erlebnisechtheit solcher religiösen Erfahrungen nachgewiesen. Wenn z.B. Mystiker meinen, in einem „Anderen Zustand" das Bewusstsein für Raum und Zeit verloren zu haben, beruht das wahrscheinlich darauf, dass unser Gehirn vorübergehend Funktionen ausschaltet, die unser Raum- und Zeiterleben strukturieren.

Wenn Religion Resonanz der Gesamtwirklichkeit im Menschen ist, die sich intentional auf ihren Ursprung bezieht, muss man mit mystischen Erfahrungen rechnen. Denn der Mensch ist nicht nur Antwort auf die Gesamtwirklichkeit, sondern selbst ein Teil von ihr, die in ihm zum Bewusstsein kommt. In manchen Erfahrungen erlebt er sich intensiv als Teil von ihr, in Erfahrungen der Nähe Gottes, ganz selten auch einer Einheit mit ihm. Mystische Erfahrung machen bewusst, dass unser Bild von „Gott" nur eine mögliche symbolische Darstellung der Gesamtwirklichkeit ist. Die biblischen Religionen wie Judentum, Christentum und Islam haben sie durch ein personales Gottesverständnis dargestellt, mystische Gegenströmungen oft durch ein a-personales Gottesverständnis. Beides ist berechtigt. Wenn wir im Christentum mystische Traditionen anerkennen, bauen wir auf jeden Fall eine Brücke zu anderen Religionen. Natürlich gibt es Unterschiede zwischen verschiedenen Ausprägungen der Mystik. Das Proprium der Mystik in den

---

[65] Vgl. A. Newberg/E. d'Aquili/V. Rause, Der gedachte Gott. Wie Glaube im Gehirn entsteht (engl. 2002), 2004.

westlichen Religionen ist das Bewusstsein einer großen Distanz zu Gott, so dass das Wunder der mystischen Einheit mit ihm umso größer ist.

6. Philosophische Rede von Gott

Obwohl die Dialektische Theologie die philosophische Rede von Gott ablehnte, definierte Bultmann Gott metaphysisch als „alles bestimmende Wirklichkeit". Da diese Aussage auch das sprechende Subjekt umfasst, ist auch sie existenzial. Gott ist auch im sprechenden Subjekt *anwesend*, wenn er *alle* Wirklichkeit bestimmt. Diese geht über das hinaus, was wir erkennen können, so dass Gott gleichzeitig *abwesend* ist. Dass wir nach ihm fragen, obwohl er sich beharrlich entzieht, weist auf ein Suchprogramm in uns, das sich auf ihn richtet: die Frage nach Ganzheit und Sinn der Wirklichkeit, weit über jede begrenzte Erfahrung der Welt hinaus. Diese Suche ist berechtigt. Denn manchmal werden begrenzte Erfahrungen zum Medium dieser Gesamtwirklichkeit. Doch muss jedes Medium seine Begrenzung „sprengen", damit in ihm die *ganze* Wirklichkeit erscheint. Das Ganze erscheint nur in paradoxer Weise in einem Teil. Deswegen gehört zur Beziehung zur ganzen Wirklichkeit das *mediale* Bewusstsein einer paradoxen Präsenz des abwesenden Ganzen.

In der Rede von Gott als „alles bestimmender Wirklichkeit" ist eine philosophische oder „natürliche Theologie" enthalten. Nach Bultmanns offenbarungstheologischem Ansatz erkennt man Gott nicht in Geschichte und Natur, sondern nur paradox in Kreuz und Auferstehung. Aber diese paradoxe Offenbarung Gottes an einem *individuellen* Ort der Geschichte entspricht den *allgemeinen* Bedingungen, unter denen eine „alles bestimmende Wirklichkeit" für Menschen zugänglich werden kann. Sie kann prinzipiell nur *paradox* an einer konkreten Stelle erscheinen, da sie als umgreifende Wirklichkeit immer mehr ist als jeder Teil in ihr. Gleichzeitig umfasst sie „existenziell" den ganzen Menschen, sonst wäre sie keine *alles* bestimmende Wirklichkeit. Das Konzept der Offenbarung im Entmythologisierungsprogramm entspricht allgemeinen philosophischen Gedanken über die prinzipielle Möglichkeit, wie eine „alles bestimmende Wirklichkeit" für den Menschen zugänglich werden kann. Auch die Rede Bultmanns von Gott kann daher als eine philosophische Rede von Gott verstanden werden, die unabhängig von der Autorität von Schrift, Tradition und Kirche ist, sondern allein Argumenten vertraut.

Nun lehnen viele protestantische Theologen (im Unterschied zur katholischen Tradition) jede metaphysische Argumentation in der Theologie ab. Metaphysik habe die biblische Tradition verfälscht. Jedoch ist beides vereinbar, wenn Metaphysik nicht als System der Welterklärung verstanden wird, sondern als Suchprogramm, das nach Ursachen, Gestalt und Sinn der Wirklichkeit fragt. Auch vom Menschen gilt: So wenig wir die Wirklichkeit als ganze erkennen, so wenig unsre eigene Existenz. Der Mensch ist in seinem eigenen Leben präsent und abwesend zugleich, da er sich selbst nicht ganz durchsichtig ist. Ebenso ist die Gesamtwirklichkeit mehr, als wir von ihr erkennen, jeder Mensch ist mehr, als er von sich weiß. Berücksichtigt man, dass auch im philosophischen Denken Mensch und Gesamtwirklichkeit einander entsprechen, erkennt man leicht eine Konvergenz zwischen biblischer und philosophischer Tradition: Biblisch ist der Mensch Ebenbild Gottes, philosophisch ein Mikrokosmos, der dem Makrokosmos entspricht. Diese Entsprechung zwischen Mensch und Gesamtwirklichkeit wird in der Religion als Resonanz emotional erlebt und in der Philosophie als Metaphysik gedanklich reflektiert.

Dabei geht es nicht darum, die Rede von Gott durch Gottesbeweise zu begründen, sondern aus ihrem Scheitern zu lernen. Denn damit fällt sie nicht aus den allgemeinen Möglichkeiten unseres Erkennens heraus. An der Realität scheiternde Hypothesen fördern unsere Erkenntnis. Freilich ist die wissenschaftliche Erkenntnis begrenzter Gegenstände etwas anderes als eine Erkenntnis, die sich auf das Ganze der Realität bezieht.

Denn in der Religion versucht der Mensch sich mit seiner *ganzen* Existenz auf das *Ganze* der Realität zu beziehen. Doch auch hier kann er aus seinem „Scheitern" lernen, wie drei philosophische Überlegungen zeigen.

Die erste Überlegung betrifft die *Kategorie des Ganzen*.[66] Wenn wir etwas als „Ganzes" betrachten, müssen wir uns als Subjekt in Gedanken außerhalb des Ganzen lokalisieren. Das ist bei Teilen der Gesamtwirklichkeit kein Problem, nicht aber bei der Wirklichkeit als Ganzer. Denn wir können uns nur *in* dieser Gesamtwirklichkeit lokalisieren. Dann aber schauen wir auf das Ganze von innen, sehen immer nur Teile des Ganzen, das als Horizont begegnet, der zurückweicht, wenn wir uns ihm nähern. Doch dabei entdecken wir aber etwas ganz Wichtiges: Wir selbst sind ein fester Ausgangspunkt in diesem Ganzen. In uns wirkt ein *Suchprogramm nach dem Ganzen*. Gerade die Unmöglichkeit, das Ganze zu erfassen, zeigt: Die Frage nach dem Ganzen ist in uns lebendig. Wir stellen die Frage nach ihm auch ohne abschließende Antwort. Doch ahnen wir intuitiv das Ziel der Suche.

Die zweite Überlegung bezieht sich auf die *Kategorie der Ursache*. Auch hier stranden wir in einer Begründungsaporie: Jede Begründung verlangt eine weitere Begründung bis ins Unendliche. Entweder brechen wir willkürlich ab, drehen uns im Kreis oder verlaufen uns im Unendlichen. In jedem Fall scheitern wir bei der Suche nach einer Letztbegründung. Aber eben das gibt uns die Gewissheit, dass in uns ein *Suchprogramm nach Letztbegründung* wirksam ist. Dabei ahnen wir bei seinem Scheitern Gott als möglichen Grund einer Letztbegründung.

---

[66] Zum Ganzen der Realität gehört der Mensch, der über das Ganze nachdenkt. Daher *umgreift* ihn das Ganze. K. Jaspers hat in seiner Groninger Vorlesung „Vernunft und Existenz" (1935) in: K. Jaspers, Schriften zur Existenzphilosophie, 2018, 1-98, den „philosophischen Glauben" als Korrelat zum Begriff des „Umgreifenden" entwickelt und in „Von der Wahrheit", 1947, als „Periechontologie" ausgearbeitet. Der Begriff des Umgreifenden entsteht durch ein Transzendieren der Vernunft über jede Gegenständlichkeit hinaus.

- Wenn wir auf einen Grund stoßen, der begründet, dass es Gründe gibt, könnten wir unser Fragen einstellen. Das weckt eine Ahnung von Gott als Ursache seiner selbst (oder causa sui). Anders gesagt: Wenn es Gott gibt, muss er Ursache seiner selbst sein.
- Die zweite Möglichkeit ist, dass wir uns in einem unendlichen Zirkel von Gründen bewegen. Auch das wäre ein *regressus ad infinitum:* Der Zirkel wäre vollkommen, wenn alles mit allem zusammenhängt, dann müsste eine unbegrenzte Begründungskette einmal jedes Teil der Wirklichkeit umfassen. Das weckt in uns eine Ahnung von Gott als Inbegriff des Ganzen.
- Im dritten Fall bewegen wir uns in einer unendlichen Kette von Gründen. Wir haben die Fähigkeit, diese Unendlichkeit zu denken, indem wir rekursiv eine Operation auf sich selbst anwenden und immer neu wiederholen. Wir ahnen Gott in dieser Unendlichkeit als eine Realität, die sich endlichen Lebewesen entzieht: *finitum non capax infiniti.*

Gerade die Unmöglichkeit, eine letzte Ursache zu finden, zeigt: In uns wirkt die Frage nach Ursachen als ein Suchprogramm. Wir stellen die Frage nach ihnen, auch wenn wir dabei scheitern, entwickeln dabei aber intuitiv eine Vorstellung vom Ziel unserer Suche.

Unsere dritte Überlegung bezieht sich auf die *Kategorie des Sinnes.* Wenn wir etwas von der Gesamtrealität erkennen, setzen wir voraus, dass sie unseren Erkenntnismöglichkeiten entspricht. Lichtwellen entsprechen unseren Augen, Schallwellen unseren Ohren. Solche Entsprechungen erleben wir als „sinnvoll", weil unsere begrenzten Sinne an sie angepasst sind, aber auch, weil sie uns eine Entsprechung unserer Existenz mit der Gesamtrealität erleben lassen: einen umfassenden Sinn des Sinnes.[67] Auch bei dieser Sinnsuche gibt es drei Möglichkeiten: Ein Teil des Ganzen kann als *summum ens* Ursprung von Sinn und Wert sein. Oder das Ganze ist dessen Ursprung, weil es

---

[67] V. Gerhardt, Der Sinn des Sinns. Versuch über das Göttliche, 2014.

mehr ist als die Summe seiner Teile. Oder dieser Ursprung von Sinn und Wert liegt jenseits des Ganzen. Jedoch werden wir auch hier nie unser Erleben der Gesamtrealität mit der Gesamtrealität selbst vergleichen können. Gerade die Unmöglichkeit, in dieser Weise einen Sinn des Sinnes zu erkennen, zeigt: In uns wirkt die Frage nach Sinn als ein Suchprogramm. Wir stellen die Frage nach ihm, auch wenn wir dabei scheitern.

Die drei Grundkategorien einer Religionsphilosophie sind die des *Ganzen,* der *Ursache* und des *Sinnes.* Jedes Denken in Begründungen und Ursachen führt in ein „Trilemma": Entweder bricht die Begründungskette an einer Stelle willkürlich ab, wiederholt sich unendlich im Kreis oder erstreckt sich als *regressus ad infinitum* bis ins Unendliche. Für unsere religionsphilosophischen Fragen heißt das: (1) Wenn die Begründungs- und Ursachenkette willkürlich abbricht, suchen wir in einem Teil der Wirklichkeit die Ursache des Ganzen oder den Ursprung von Wert und Sinn. (2) Wenn die Begründungs- und Ursachenkette im Kreis verläuft, findet sie erst einen „Abschluss", wenn sie alle Teile des Ganzen durchlaufen hat. Wir suchen eine Letztbegründung im Ganzen der Wirklichkeit. (3) Wenn die Begründungs- und Ursachenkette in einem *regressus ad infinitum* im Unendlichen verschwindet, liegt diese Letztbegründung jenseits der Wirklichkeit und kann nur in Negationen erfasst werden. Religionsphilosophisches Denken ist für alle drei Möglichkeiten offen. Seine Aufgabe in nachmetaphysischen Zeiten ist, uns für eine Dimension zu öffnen, die wir sonst übersehen – so wie Lebewesen in einer zweidimensionalen Welt eine dritte Dimension nicht wahrnehmen.

Gewiss liegt für viele Zeitgenossen der Schluss nahe: Wenn metaphysisches Denken nur in scheiternden Anläufen Gott ahnt, warum sollten wir uns dem aussetzen? Dabei wird nicht bedacht: Metaphysisches Denken führt durch dieses Scheitern zu wertvollen „Ergebnissen" unserer Gottes- und Selbsterkenntnis. Das Trilemma der Begründungsaporie macht Grundstrukturen der Gotteserkenntnis auch in unseren traditionellen Bildern von Gott sichtbar:

- Wenn wir der Begründungskette bis ins Unendliche verfolgen, verschwindet sie in einem uns unzugänglichen Dunkel, in dem wir Gott als sich selbst begründende Realität ahnen. In dieses Dunkel leuchten traditionelle Bilder von „Gott" hinein als Schöpfer aller Dinge, der mit nichts in der Welt identisch ist. Die unendliche Begründungskette konvergiert mit dem religiösen Bild des transzendenten Gottes. Wir nähern uns religionsphilosophisch dem ersten Artikel, dem Glauben an Gott.
- Wenn wir die Begründungskette an einem Punkt abbrechen, ist dieser Abbruch auf den ersten Blick willkürlich, dafür ist dieser Punkt aber für uns zugänglich. Seine Auswahl ist dann gerechtfertigt, wenn er etwas von der Gesamtwirklichkeit erscheinen lässt. Das sind in der Religion die Orte der Offenbarung – im Buddhismus Buddha, im Christentum Jesus von Nazareth. Wir nähern uns hier religionsphilosophisch dem zweiten Artikel: dem Glauben an einen Offenbarer.
- Wenn wir die Begründungskette in einem *circulus vitiosus* so lange verfolgen, dass sie alles mit allem verbindet, dann entspricht diesem universalen Zusammenhang in unserer traditionellen religiösen Bildlichkeit der „Heilige Geist", nämlich der Geist, der alle Menschen untereinander und mit der ganzen Schöpfung verbindet. Wir nähern uns religionsphilosophisch dem dritten Artikel: dem Glauben an den Heiligen Geist.

Kann es Zufall sein, dass das Trilemma der Metaphysik der trinitarischen Struktur unserer religiösen Bilder entspricht? Legt trinitarisches Denken eine Grundstruktur in allen Religionen offen? Alle nehmen ihren Ausgangspunkt (1) von konkreten Offenbarungsorten, die sich (2) für eine unendliche Tiefe öffnen und (3) Menschen mit der Gesamtwirklichkeit verbinden. Die Realität Gottes bleibt in jedem Fall verborgen. Sie entzieht sich uns. Aber dafür erweitern wir unsere Selbsterkenntnis und verändern uns in dieser Erfahrung. Daher müssen wir beim Nachdenken über Gott uns selbst mit einbeziehen. Das

Scheitern metaphysischer Gedanken öffnet einen Raum jenseits unserer Lebenswelt, aber vor allem auch in uns selbst. Wir werden herausgefordert, uns für eine Gesamtwirklichkeit zu öffnen, die uns umgreift. So wie die Gesamtwirklichkeit mehr ist als alles, was wir von ihr erkennen, sind wir selbst mehr als das, was wir von uns wissen, und darin ein „Ebenbild" Gottes. Zugleich realisieren wir unsere Existenz an konkreten Punkten unseres Lebens, die begrenzt sind, aber oft zu entscheidenden Orten werden. Schließlich erleben wir uns mit allem verbunden, wenn wir in allen Dingen dasselbe Wunder des Seins spüren. Der Sinn unserer scheiternden Suche nach Gott liegt daher nicht zuletzt darin, dass wir uns selbst erkennen und verändern, so dass die scheiternde Suche nach Gott in einer Umkehr des Menschen paradox zu ihrem Ziel kommt, indem wir uns für Gott als umgreifende Realität öffnen. In uns wirkt ein Suchprogramm nach einer Realität, die durch Selbstbegründung und Selbstwert Erfüllung ist. Wenn wir sie finden, erfahren wir eine Umkehr. Bisher haben wir nach einem sich selbst begründeten Sein und Selbstwert gefragt und von ihm eine Antwort erhofft. Jetzt aber werden wir selbst gefragt: Können wir unser Leben als Antwort auf etwas führen, das ein Selbstwert ist? Können wir unser Leben als „Ebenbild" dieser umgreifenden Gesamtwirklichkeit, die wir als „Gott" erfahren, führen? Vor allem aber: Akzeptieren wir Mitmenschen als Ebenbild dessen, der allein ein Selbstwert ist? Diese „Bekehrung" lässt sich mit folgendem Gleichnis veranschaulichen:

> In der Religion geht es uns wie jenem Menschen, der im Winter zum Skifahren in die Alpen fährt. Er nähert sich dem Ort und der Landschaft in der Hoffnung, hier Luft und Bewegung zu finden. Er braucht die Alpenlandschaft, um sich zu erholen. Aber wenn er eines Morgens vor einer noch unberührten Schneelandschaft steht und die Sonne alles mit ihrem Licht verklärt, spürt er die Aufforderung, in die Schneedecke eine besonders schöne Kurve zu ziehen, um ihrer Schönheit gerecht zu werden. Alles andere erschiene ihm wie eine Verfehlung gegenüber der Landschaft. Er hört in ihr einen Appell. Er fragt nicht mehr, ob sie seinen Bedürfnissen entspricht. Er wird von der Landschaft engagiert, um sie zu

vollenden. So geht es uns in der Religion: Wir finden uns in dieser Wirklichkeit vor, verfolgen in ihr unsere Ziele und fragen, ob sie unseren Bedürfnissen entspricht, bis wir eine Umkehr erfahren, einen mächtigen Appell, der uns dazu bewegt, unser Leben als Antwort zu verstehen und nicht mehr zu fragen, ob die Wirklichkeit unseren Bedürfnissen entspricht, sondern ob wir ihrer Herausforderung entsprechen. Wir finden in der Welt Hinweise auf Gott, wenn wir in ihr die Aufforderung hören, unsere Richtung zu ändern und unser Leben als Antwort auf diese Herausforderung zu führen. Sinnerfahrungen sind Gottes Ruf.[68]

Solche Sinnerfahrungen deuten wir mit der poetischen Metapher der „Resonanz". Resonanzerfahrung geschieht vielfältig in der Begegnung mit der Rationalität in der Natur. Wir können die Einheit von elektromagnetischen Wellen und Licht erkennen, wir können Chemie auf physikalische Strukturen zurückführen. Wir können das Blühen einer Rose mit mathematischen Formeln berechnen. Wenn wir diese Entsprechungen emotional erleben, kommt es zu „Resonanzerfahrungen": Die Vernunft in der Natur findet Resonanz in unserer Vernunft. Gott wird erfahrbar in der Resonanzfülle der Wirklichkeit. Resonanz erleben wir vor allem als zwischenmenschliche Liebe. 1Joh 4,16 definiert Gott als Liebe: „Gott ist Liebe, und wer in der Liebe bleibt, der bleibt in Gott, und Gott bleibt in ihm". Religion ist Resonanz der Gesamtwirklichkeit im Menschen, die sich in Bildern, Handlungen und Gedanken intentional auf ihren Ursprung bezieht und in der Liebe vollendet.

7. Gottesverständnis heute: Resonanz und Transparenz der Wirklichkeit

Das Entmythologisierungsprogramm wollte den Glauben an Gott als existenzielle Wahrheit rechtfertigen und metaphysischen Aussagen über Gott den Abschied geben. Wir haben gesehen: Dieses Programm setzt metaphysische Aussagen über

---

[68] G. Theißen, Glaubenssätze, 2012, Nr. 49, S. 83f.

Gott voraus. Ein erneuertes Entmythologisierungsprogramm muss bei der Gottesfrage ins Bewusstsein heben, was bei Bultmann im Hintergrund blieb: Gott ist das geheimnisvolle Ganze der Wirklichkeit – geheimnisvoll, weil es eingeschlossen ist in einen sich unendlich vertiefenden Raum und gleichzeitig paradox konzentriert an einer konkreten Stelle. Wenn wir vom Ganzen der Wirklichkeit reden, meinen wir drei Dimensionen: zunächst das alles umfassende Ganze, das mehr ist als seine Teile, ferner den *regressus ad infinitum* in eine unendliche Tiefe jenseits der Grenzen des Ganzen, schließlich die Transparenz des Ganzen, das an einer konkreten Stelle „erscheint". Alle Religionen haben diese formale Struktur, alle füllen sie in verschiedener Weise aus: Das Ganze der Wirklichkeit wird bei einigen für eine unendliche Tiefe transparent, die im Nichts versinkt. Das führt zu einer Mystik jenseits des Seins. Andere Religionen deuten es als Schöpfung, in der sinnvolle Strukturen erscheinen. Alle Religionen konzentrieren diese geheimnisvolle Realität an konkreten Stellen, wo sie transparent und für Menschen zugänglich wird, in einem Offenbarer, einem Ritus oder heiligen Ort. Alle setzen den Menschen in Beziehung zur ganzen Wirklichkeit durch Resonanzerfahrungen mit dem Ganzen der Wirklichkeit und zwischen den Menschen. Lebendige religiöse Sprache ist farbiger und anschaulicher als solche religionsphilosophischen Reflexionen (siehe Tabelle).

In der Frage nach Gott entscheidet sich die Frage nach theologischer Wahrheit. Hier folgen wir dem Korrespondenzkriterium der Wahrheit. Sie ist in der Religion eine umfassende Wahrheit, die nicht nur eine Korrespondenz von Gedanken und Wirklichkeit meint, sondern eine Korrespondenz menschlicher Existenz mit der Gesamtwirklichkeit. Nach dieser Korrespondenz sucht der Mensch aufgrund eines religiösen Suchprogramms, das ihm oft nicht bewusst ist: Wenn es in ihm wirksam wird, meint er oft, in begrenzten Bereichen Erfüllung zu finden, die er religiös überhöht.

	Anthropomorphe Rede von Gott	Existenziale Rede vom Menschen	Responsorische Rede von Gott und Mensch
Narrative Rede	Der intervenierende Gott	Der intervenierende Mensch	Die Schöpfung als Offenheit für das menschliches Handeln
Dialogische Rede	Der rufende Gott	Der gerufene Mensch	Der Mensch als Resonanzkörper Gottes
Doxologische Rede	Der autonome Gott	Der ebenbildliche Mensch	Menschliche Würde als Entsprechung zu Gott
Imperativische Rede	Der gebietende Gott	Der autonome Mensch	Menschliche Autonomie als Resonanz zur Daseinskontingenz
Mystische Rede	Die transzendente Gott	Der entweltlichte Mensch der *renuntiatio*	Die Gegenwart Gottes in der *illuminatio*

Viele Religionen lehren: Erfüllung dieser Suche geschieht letztlich nur dadurch, dass sich die Gesamtwirklichkeit von sich her spontan zeigt (oder „offenbart") und der Mensch durch diese Begegnung erneuert wird: Er wird so „umprogrammiert", dass er nicht mehr in Resonanz auf seine Fragen eine Antwort sucht, sondern dadurch, dass er selbst Resonanz auf die Gesamtwirklichkeit wird. Er erlebt dadurch eine „Wiedergeburt". Er sieht mit neuen Augen, dass begrenzte Erfahrungen in seiner Welt für die Gesamtwirklichkeit transparent werden. Ein Bild kann vielleicht unsere Situation veranschaulichen. Wir leben im geschlossenen Gemeinschaftsraum einer säkularen Mentalität. Die meisten fühlen sich in ihm zu Hause. Die Türen nach außen sind zu. Manche sind stolz darauf, dass man sie so dichtgemacht hat, so dass nichts von außen eindringt und keiner hinausgeht. Doch in einigen ist die Suche nach einem Weg nach draußen lebendig geblieben. Metaphysische Fragen sind wie Türöffner. Sie erfüllen ihre Aufgabe, wenn sich die Türen einen kleinen Spalt öffnen, dass wir sie öffnen können. Draußen ist Nacht. Die Dunkelheit macht nicht nur alles unsichtbar, sondern lässt uns erleben, dass alles auch gar nicht existieren könnte. Auch wir sind in diesem Universum wie ein Nichts. Dennoch leuchtet in uns ein Licht auf: Wir entscheiden darüber, wohin wir in dieser Nacht gehen. Welche Richtung wir einschlagen, ist so unbegründbar wie die Wirklichkeit selbst. Daher erleben wir diese Freiheit als Resonanz der Gesamtwirklichkeit in uns. Wir sind ihr „Ebenbild". Wir suchen nach Orientierung, wohin wir gehen sollen: Der Sternenhimmel beeindruckt durch seine Ordnung. Seine Gesetzmäßigkeit schafft Vertrauen, es sei sinnvoll, nach Geboten zu suchen. Wir entdecken neben uns andere Lebewesen auf derselben Suche nach Leben. In ihnen lebt derselbe Wille zum Leben wie in uns. Er entfaltet sich oft auf Kosten anderen Lebens. Aber in unseren Mitmenschen leuchtet dasselbe Licht wie in uns. Wir erleben in uns allen den „kategorischen Imperativ", Gebote so allgemein zu formulieren, dass sie von allen anerkannt werden. Wir erleben in uns allen den „sozialen Imperativ", dass wir anderen nicht mehr zumuten dürfen als uns selbst. Wir erleben in allen den „existenzialen Imperativ", in unserem Leben zu verwirklichen, was kein anderer an unserer Stelle verwirklichen kann. In einem Leben nach diesen Imperativen hoffen wir, in Übereinstimmung mit der Gesamtwirklichkeit zu leben. Gott ist diese Gesamtwirklichkeit und ihr Grund. Er entzieht sich uns in eine undurchdringliche Dunkelheit. Aber hin und wieder geschieht es, dass uns aus der Dunkelheit ein Mensch wie eine „Offenbarung" entgegenkommt und neue Wege eröffnet. In der christlichen Religion ist Christus als „Ebenbild" Gottes der Offenbarer, der Menschen befähigt, durch Entsprechung zu Gott ihr Leben zu erfüllen.

IV. Das Christusverständnis

Jesus lebte in einem Mythos, bevor er zum Mythos wurde. Einerseits ist er eine historische Gestalt, die in Galiläa und Judäa die Botschaft von der kommenden Gottesherrschaft verbreitete, Kranke heilte, Nächstenliebe lehrte, in Jerusalem gekreuzigt wurde und seinen Anhängern in Visionen erschien. Andererseits wurde er zum Zentrum eines Mythos als präexistenter Sohn Gottes, der bei der Schöpfung mitgewirkt hat, sich inkarniert und nach seinem Tod zum Weltenrichter wurde. Der christliche Glaube versetzte ihn in den Himmel und verankerte ihn gleichzeitig auf der Erde. Denn parallel zueinander entwickelten sich die Bilder vom irdischen Jesus in den Evangelien und der Mythos vom überirdischen Christus in den Paulusbriefen, die im Johannesevangelium vereinigt wurden. Die bei Jesus vorliegende Verbindung von Geschichte und Mythos übersteigt alles, was wir aus der Antike sonst kennen. Niemals wurde sonst einem Menschen Präexistenz und Schöpfungsmittlerschaft zugeschrieben. Nirgendwo sonst wurde ein Gott bis zum Kreuzestod erniedrigt. Unser Umgang mit der Christusüberlieferung neigt daher zu zwei Extremen: Entweder wird aus den Jesusüberlieferungen das Historische „herausgefiltert" und das Mythische zur *poetischen* Aura um diesen historischen Kern. „Entmythologisierung" bedeutet dann, in den mythischen Motiven die zeitlose Bedeutung des Historischen zu entziffern. Die andere Möglichkeit ist: Der Mythos gilt als der Kern, die irdische Geschichte des Jesus von Nazareth als theologisch unbedeutende Randerscheinung, als wichtig nur, *dass* Jesus gelebt hat. Denn seine Funktion bestehe vor allem darin, Himmel und Erde zu verbinden. Das war die Position der Dialektischen Theologie. Entmythologisierung bedeutet dann, die *kerygmatische* Botschaft im Mythos zu entziffern, durch die der transzendente Gott im Wort zugänglich wird. Bultmanns

Theologie kann man in beide Richtungen lesen. 1926 veröffentlichte er ein Buch über den historischen Jesus, in dem er dessen Botschaft als existenziellen Appell für die Gegenwart interpretiert, als folge er einem hermeneutischen Programm im ersten Sinne.[69] Aber meist verstand er seine Theologie als Auslegung des Kerygmas von Kreuz und Auferstehung, zu dem die Botschaft Jesu nur ein Vorspiel war. Wir skizzieren zunächst, was wir historisch von Jesus wissen, um den Mythos, der ihn umgibt, beurteilen zu können. Bei der Frage nach der theologischen Wahrheit des Glaubens ist nämlich wichtig, dass der christliche Glaube an Jesus Christus mit dem korrespondiert, was der historische Jesus gesagt und getan hat – auch wenn der „mythische" Jesus eine symbolische Steigerung des irdischen Jesus ist, die über alles hinausgeht, was Jesus selbst gelehrt und gelebt hat. In dieser Hinsicht folgen wir einem (historischen) Korrespondenzkriterium der Wahrheit. Aber noch wichtiger ist das Kohärenzkriterium: Ist das gesamte Jesusbild mit seinen historischen Überlieferungen und mythischen Bildern mit dem kohärent, was wir als Wahrheit über Gott erkennen? Nur das rechtfertigt es, in Jesus eine Offenbarung Gottes zu sehen.

1. Der historische Jesus[70]

Jesus wurde gegen Ende der Regierungszeit Herodes I. (37–4 v.Chr.) in Nazareth geboren. Kurz nach seiner Geburt wollten im jüdischen Palästina charismatische Führer Israel von römischer Herrschaft befreien. Ihr Aufstand wurde niedergeschlagen. Zehn Jahre später warb ein Judas aus Galiläa zusammen mit einem Pharisäer dafür, die Steuerzahlung an die Römer zu

---

[69] R. Bultmann, Jesus, 1926.
[70] Vgl. G. Theissen/A. Merz, Der historische Jesus. 1996, [4]2011, eine Neubearbeitung erscheint ca. 2021/2; J. Schröter, Jesus Christus, 2006. D.C. Allison, Constructing Jesus: memory, imagination, and history, 2010; J. Schröter/Ch. Jacobi (Hg.), Jesus Handbuch, Tübingen 2017; M. Wolter, Jesus von Nazareth, 2019.

verweigern. Sie traten als Lehrer auf, ihre Lehre war ein Aufruf zur Rebellion. Noch einmal 15 bis 20 Jahre später entstand eine Erneuerungsbewegung, die sich anders als die beiden vorhergehenden nicht gegen die Römer richtete, sondern das eigene Volk mit der Aufforderung zur Umkehr konfrontierte. Johannes der Täufer forderte von allen, diese Umkehr durch Sündenbekenntnis und Taufe öffentlich zu bekunden. Dann werde Gott sie im unmittelbar bevorstehenden Endgericht verschonen. Der Täufer weckte dabei messianische Erwartungen, lenkte sie aber auf einen „Stärkeren" um, der nach ihm kommen sollte und alle Gottlosen richten werde. Jesus schloss sich seiner Erneuerungsbewegung an, ließ sich von Johannes taufen und hat sich öffentlich als Sünder bekannt. Nach der Inhaftierung des Täufers trat er mit seiner eigenen Predigt hervor. Als nach dessen Hinrichtung das von ihm geweissagte Ende der Welt ausblieb, hat er diese Erfahrung positiv verarbeitet: Er deutete die Weiterexistenz der Welt als Zeichen der Gnade Gottes. Die Gewissheit, dass eine Wende zum Guten geschehen war, gab ihm eine Vision: Er sah den Satan vom Himmel stürzen (Lk 10,18). Wie der Täufer lenkte auch Jesus messianische Erwartungen, die ihm entgegengebracht wurden, auf eine zukünftige Gestalt um. Während der Täufer einen „Stärkeren" erwartete, sprach Jesus von ihm als „Menschensohn", gab ihm den gleichen „Namen", mit dem er von sich sprach. Die Messiaserwartungen formte er zu einem „Gruppenmessianismus" um: Jesus übertrug das messianische Amt, die zwölf Stämme Israels zu richten und zu regieren, auf zwölf Jüngern aus dem einfachen Volk. Wahrscheinlich hat Jesus offengelassen, was seine Rolle in diesem Geschehen sein wird, nicht, weil er niedrig von sich dachte, sondern weil er überzeugt war: Gott allein gibt dem Menschen seinen Status.

Im Zentrum seiner Verkündigung stand das nahe Kommen der Herrschaft Gottes. Von ihr sprach er in zwei Bildern: Gott war Vater und König. Jedoch sprach er nie von ihm als „König", sondern nur von seiner „Königsherrschaft". Aber in dieser

Herrschaft sollte sich die Güte des Vaters durchsetzen. Gewissheit dieser Güte vermittelte Jesus ohne Taufritus. Er ersetzte die Taufe durch die schlichte Bitte um Sündenvergebung im Vaterunser. Die Königsherrschaft Gottes erwartete er nicht erst für die Zukunft. Sie begann verborgen schon in der Gegenwart. Gott war für ihn eine gewaltige ethische Energie zur Rettung der Armen, Schwachen und Kranken, die sich aber in das „Höllenfeuer" des Gerichts verwandeln konnte, wenn man seine Botschaft ablehnte. Jedem gab er eine Chance, auch denen, die nach religiösen Maßstäben Versager und Verlierer waren. Bei „Zöllnern und Sündern" und Prostituierten fand er mehr Offenheit für diese Botschaft als bei den Frommen. In der Königsherrschaft Gottes sollten die Armen und Ohnmächtigen mächtig sein.

Jesus beeindruckte seine Hörer durch Gleichnisse, die auch einfache Menschen verstehen konnten. In ihnen schärfte er ein „aristokratisches" Selbstbewusstsein ein: Für alle ist in diesem Leben ein „Schatz" verborgen, alle dürfen in ihm etwas riskieren wie die Hingabe des ganzen Besitzes für eine kostbare „Perle". Alle dürfen so sorglos leben wie die Reichen. Alle dürfen an Weisheit und Bildung teilnehmen, auch die, die mühselig arbeiten und belastet sind.

Jesus verbreitete seine Verkündigung auch durch Symbolhandlungen: Er berief zwölf Jünger, sandte sie aus, um seine Botschaft in Israel zu verbreiten, feierte Gastmähler mit Zöllnern und Sündern, realisierte in Exorzismen Zeichen der hereinbrechenden Gottesherrschaft, zog auf einem Esel in Jerusalem ein, störte den Tempelkult. Höhepunkt aller Symbolhandlungen war sein letztes Mahl.

Im Volk wurde Jesus vor allem als Heiler bekannt. Seine Heilungen verstand er als Zeichen der beginnenden Gottesherrschaft. Die Kranken kamen mit der Erwartung zu ihm, dass er sie mit seiner Wunderkraft heilen würde. Er aber schrieb diese heilende Kraft ihrem Glauben zu, wenn er sagte: „Dein Glaube hat dich gerettet!"

Jesus vertrat eine jüdische Ethik, die universale Forderungen verschärfte, aber rituelle Gebote entschärfte. Ihr Zentrum war das Gebot der Gottes- und Nächstenliebe. Die Gottesliebe verschärfte er, indem er Gott über alle Güter der Welt setzte: über Macht, Reichtum, Weisheit und Heiligkeit. Die Nächstenliebe verschärfte er, indem er sie auf Feinde, Fremde und Sünder ausweitete. Bei Sabbatgeboten dehnte er Ausnahmeregelungen für den Fall von Lebensrettung auf Fälle von Lebensförderung aus und rechtfertigte das durch den Grundsatz, dass der Sabbat für den Menschen gemacht ist und nicht der Mensch für den Sabbat (Mk 2,27). Auch die Unterscheidung von reinen und unreinen Dingen suspendierte er (Mk 7,15). Seine Vision der zukünftigen Gottesherrschaft bestand in einem gemeinsamen Mahl, bei dem Juden und Heiden nicht durch Speise- und Reinheitsgebote getrennt waren.

Seine Verkündigung öffnete die Grenzen zu anderen Völkern, aber auch zwischen Ober- und Unterschicht. Er formulierte Einstellungen der Oberschicht so um, dass sie für einfache Menschen zugänglich wurden. Beim Umgang mit *Macht* mahnte er zur Großzügigkeit: Feindesliebe war in der Antike die Großzügigkeit der Mächtigen gegenüber ihren Gegnern. Reiche konnten sich durch Wohltaten eine Klientel schaffen. Jesus aber preist die arme Witwe, weil ihre geringe Spende wertvoller ist als die reiche Spende der Reichen.

Jesus war ein Charismatiker mit der Gabe, Anhänger zu gewinnen. Was er von allen forderte, muss man von seinen radikalen Anforderungen an Nachfolger und Nachfolgerinnen unterscheiden. Als Wanderprediger konnten er und die ihm nachfolgenden Jünger frei von Familie, Besitz, Heimat und Sicherheit leben. Auf seinen Wanderungen begleitete ihn eine Frau, Maria Magdalena. Seine Familie hielt ihn zeitweilig für verrückt.

Bei seinem Zug zum Passafest nach Jerusalem provozierte er die politische Elite durch seinen Einzug in Jerusalem von Osten, eine Gegendemonstration zum Einzug des römischen

Statthalters von Westen. Mit seiner Kritik am Tempel provozierte er die religiöse Elite. Während der Täufer den Tempel nur indirekt kritisiert hatte, weil er nicht mehr ausreichte, um Sünden zu vergeben, griff Jesus ihn direkt an. Jesus brachte seine Kritik in der „Tempelreinigung" zum Ausdruck, die als symbolische Handlung Grundzüge seiner Botschaft zum Ausdruck brachte:

- Die Tempelreinigung wandte sich gegen den Tempel als Geldzentrum. Jesus störte den Handel mit Geld und Opfertieren. Mammon und Gott waren für ihn unvereinbar, der Zugang zu Gott darf nicht vom Geld abhängen. Das entsprach seiner Heilspredigt für die Armen.
- Die Tempelreinigung wandte sich gegen die Abschirmung des Tempels nach außen: Er sollte eine Gebetsstätte für alle Völker werden und sich für Fremde öffnen. Das entsprach seiner Erwartung, dass Menschen aus allen Völkern in das Reich Gottes strömen werden.
- Die Tempelreinigung wandte sich gegen den Weiterbau am unvollendeten Tempel, wenn Jesus verhinderte, dass Baumaterialien durch ihn getragen wurden. Der Tempel sollte bald durch einen neuen Tempel ersetzt werden. Das entsprach Jesu Erwartung einer neuen Welt.

Für seine Jünger setzte er einen neuen Ritus ein: ein schlichtes Essen, das er vor Beginn des Passafestes mit ihnen zusammen feierte. Judas, einer aus seinem engsten Jüngerkreis, verriet seinen nächtlichen Aufenthaltsort – unmittelbar nach der Einsetzung des neuen Ritus. Vielleicht wollte er ein Schisma im Judentum vermeiden. Sonderriten sind dafür das erste Zeichen.

Die jüdische Priesteraristokratie inhaftierte Jesus wegen seiner religiösen Kritik am Tempel, klagte ihn vor Pilatus aber nur wegen des politischen Verbrechens an, als Königsprätendent nach der Macht zu greifen. Viele hatten erwartet, dass er der messianische König sein werde, der Israel zu neuer Macht führen wird. Jesus verstand sich aber nicht als Vorkämpfer seiner eigenen Herrschaft, sondern als Repräsentant der Herrschaft Gottes. Doch für die Römer war es kein Unterschied, ob ein Messias oder Gott selbst ihre Herrschaft beendet. Als politischer Unruhestifter wurde Jesus verurteilt und zusammen mit zwei anderen Rebellen (wahrscheinlich im April 30 n.Chr.) gekreuzigt. Seine Jünger waren geflohen. Einige Jüngerinnen waren mutiger und erlebten die Kreuzigung von fern. Nach seinem Tod erschien er dem Petrus und Maria Magdalena, dann mehreren Jüngern auf einmal. Sie kamen zu der Überzeugung, dass er lebendig war. Jetzt erkannten sie: Er war kein siegender, sondern ein leidender Messias und erinnerten sich: Jesus hatte von sich als „dem Menschensohn" gesprochen. Jetzt erkannten sie: Er war „der Mensch", dem Gott nach einer Weissagung in Dan 7 alle Macht im Himmel und auf Erden geben wird. Für sie rückte Jesus an die Seite Gottes. Damit war der christliche Glaube als Variante des Judentums geboren: ein messianisches Judentum, das sich im Laufe von drei Jahrhunderten nach und nach von seiner Mutterreligion trennte.

2. Der Christusmythos

Auch wenn das Leben Jesu von mythischen Motive durchzogen war, entstand der Christusmythos erst aufgrund der Ostererscheinungen nach seinem Tod. Wenn der Mythos „vom Unweltlichen weltlich, von den Göttern menschlich" redet,[71] so ist es hier umgekehrt. Nicht Gott wird als Mensch vorgestellt, sondern ein Mensch als Gott. An sich hat der monotheistische Glaube eine mythenreduzierende Tendenz. Im Alten Testament verdrängte er alle Götter neben dem einen und einzigen

---

[71] R. Bultmann, Neues Testament und Mythologie, 36.

Gott und reduzierte den Satan auf eine Nebenrolle.[72] Doch in der Zeit zwischen dem Alten und Neuen Testament geschah eine Remythisierung. Der Satan wurde zum Gegenspieler Gottes, die gefallenen Engel zu Dämonen, das Jüngste Gericht zum Zielpunkt der Geschichte. Das Neue Testament führt diese Remythisierung weiter. Dabei muss die Mythos-Formel korrigiert werden: Der Mythos redet nicht nur menschlich von Gott, sondern vom Menschen wie von Gott. Der Christusmythos steigert das Leben Jesu über menschliche Dimensionen hinaus. Christus beginnt in der Präexistenz und dominiert in der Endzeit als Weltenrichter.[73] Er verbindet alle Stockwerke des mythischen Weltbildes, steigt ins Diesseits hinab, fährt zur Hölle und kehrt in den Himmel zurück. Dazwischen liegt sein Leben auf Erden, von dem in *legendarischer* Form erzählt wird, von seiner Geburt mit Engeln, von Taufe und Verklärung als Epiphanien, seinen Heilungen und Exorzismen, seinem Tod für die Sünden der Menschen. Mythische Motive machen sein Leben transparent für Gott. Unsere Darstellung bespricht die mythischen Motive in drei Gruppen, die Jesu Präexistenz, sein irdisches Leben und seine Postexistenz umfassen.

- Mythische Motive der Präexistenz Jesu:
  Präexistenz, Schöpfungsmittlertum und Menschwerdung
- Mythische Motive des Lebens Jesu:
  Geistzeugung, Engel und Satan
  Wunder und Epiphanien,
  Reich Gottes und Menschensohn
  Sühnetod und Höllenfahrt

---

[72] Der Satan wird nur an drei Stellen im Alten Testament erwähnt: Sach 3,1f; Hiob 1,6–12 und 2Sam 24,1.

[73] Diese Erhöhung eines Menschen zu einem göttlichen Status war im Judentum anstößiger als die Vorstellung, dass Gott Mensch wird. Philo kritisiert die Selbstapotheose des Kaisers Gaius Caligula mit den Worten, „eher könnte sich Gott in einen Menschen als ein Mensch in Gott verwandeln" (Gai 118).

- Mythische Motive der Postexistenz:
  Auferstehung und Erhöhung
  Parusie und Gericht

Einige Motive bilden zusammenhängende mythische Erzählungen. Der Johannesprolog (Joh 1,1–18) erzählt von Jesu Präexistenz, Schöpfungsmittlerschaft und Inkarnation. 1Kor 15 von seinem Tod, seiner Auferstehung, Erhöhung zur Rechten Gottes und Parusie. Im Raum der Prä- und Postexistenz Jesu konnte sich die mythenschaffende Poesie frei entfalten, kein Mensch kann Zeuge für sie sein. Hier berührt der Mythos nur punktuell die irdische Realität, einerseits bei der Inkarnation als Deutung der Geburt Jesu, andererseits bei der Auferstehung als Deutung von Visionen nach seinem Tod. Geburt und Tod wurden zu Übergangsmomenten eines umfassenderen mythischen Geschehens. Dieser „Christusmythos" kombiniert zwei Modelle. Die Motive der Präexistenz waren schon im jüdischen Weisheitsmythos verbunden: Die präexistente Weisheit war schon bei der Erschaffung aller Dinge beteiligt und verkörpert sich in Menschen (Prov 8; Sir 24; SapSal 6–9). Die Motive der postmortalen Existenz, Erhöhung und Parusie, waren im jüdischen Mythos vom Menschensohn vorgegeben: Gott übergibt dem Menschensohn seine Herrschaft, die universal offenbar wird (Dan 7).[74] Darüber hinaus steuert eine innere „Logik" die mythenbildende Poesie: Sie erfordert einen konkreten Ort, der für das Ganze der Wirklichkeit transparent ist, den Menschen Jesus. Damit er für das *Ganze* der Wirklichkeit transparent wird, wird er zum präexistenten Schöpfungsmittler und postmortalen Weltenherrscher, so dass die ganze Schöpfung seine Spuren trägt und die ganze Geschichte seinem Urteil unterworfen wird. *Ewigkeit* und *Überlegenheit* sind Merkmale des Göttlichen im antiken Denken, Ewigkeit durch Präexistenz, Überlegenheit durch Weltenherrschaft. Die poetische Phantasie des Urchristentums, die von der Suche nach Ewigem und Unbedingtem

---

[74] Der Menschensohn in Dan 7 ist eine Engelgestalt, die „wie ein Mensch" aussieht, aber sie repräsentiert Menschen auf Erden: das Volk Israel.

bestimmt ist, greift Mythen von der Weisheit und vom Menschensohn auf und entwarf nach diesen Mustern relativ frei *Projektionen* in die Zeit seiner Präexistenz und Postexistenz. Anders ist das bei den mythischen Motiven im Leben Jesu. Sie sind *Reaktionen* einer mythenschaffenden Poesie auf geschichtliche Ereignisse und machen Erzählungen von Jesus für Gottes Handeln transparent. Stärker als die mythischen Motive der Prä- und Postexistenz sind sie durch Konflikte geprägt: Die Geburt kündigt einen Herrscher an, der seine Feinde niederzwingt, Engel unterstützen ihn gegen den Satan, Epiphanien übertragen ihm Macht. Er kämpft mit Gegenmächten: Der Satan wird ausgetrieben, die Sünde durch Sühnetod besiegt, der Tod durch die Höllenfahrt. Das Leben Jesu ist ein Kampf zwischen Gutem und Bösem.

All diese mythischen Aussagen enthalten eine Botschaft „von oben" wie „von unten" und müssen doppelt gelesen werden: *kerygmatisch* als Botschaft Gottes, *poetisch* als Schöpfung des Menschen. Kerygmatisch ist Christus das Wort Gottes, poetisch eine Dichtung des Menschen. Diese Doppelhermeneutik entspricht dem Neuen Testament. Denn Jesus ist in ihm Ebenbild Gottes, Menschen aber sind dazu bestimmt, es zu werden. Christus ist das Bild Gottes, in das alle Menschen verwandelt werden. Der Gedanke der Ebenbildlichkeit bringt „von oben" Gottes Schöpfungsintention zum Ausdruck, „von unten" aber die Lebensintention des Menschen. Die mögliche Wahrheit solcher mythischen Motive liegt darin, dass sie Menschen eine Erfüllung ihrer individuellen und sozialen Existenz ermöglichen. Christus verkörpert in seiner Verbindung von historischem Geschehen und mythischer Deutung exemplarisch, was jedem Menschen zur wahren Existenz vor Gott und anderen Menschen verhilft.

3. Mythische Motive der Präexistenz Jesu

Wenn wir im Folgenden die mythischen Motive des Christusbildes deuten, unterscheiden wir drei Stufen einer Deutung: eine realistische, kerygmatische und poetische. Das Neue Testament versteht Aussagen über Christus realistisch, wenn es von Himmel- und Höllenfahrt spricht. Doch haben solche Ereignisse gleichzeitig eine symbolische Bedeutung. Erkenntnis dieser Symbolik ist ein erster Schritt zur Entmythologisierung. Der zweite Schritt folgt, wenn man diese mythischen Motive als Poesie des Heiligen deutet, sei es durch kerygmatische Interpretation von oben oder poetische Interpretation von unten. Bei der Interpretation von unten lässt sich weiter eine existenziale und soziale Funktion dieser Bilder unterscheiden. Sie begründen nicht nur das individuelle Selbstverständnis, sondern das kollektive Sozialverständnis.

(1) *Präexistente Ewigkeit*: Der Glaube an eine vorzeitliche Existenz Jesu fehlt in den synoptischen Evangelien, wird schon von Paulus bezeugt und ist im Johannesevangelium zentral. Er hat Analogien in anderen Religionen. Juden halten die Thora für ewig (BerR 1,4),[75] Moslems den Koran (Sure 85,22 und 97,1). Moslems stritten darum, ob der Koran erschaffen oder ungeschaffen sei, Christen später darüber, ob Christus von Gott geschaffen wurde oder unerschaffen sei. Die Präexistenz Christi wird realistisch vorgestellt. Da realistische Aussagen über präexistente Vorgänge für uns unmöglich sind, kommt nur deren Entmythologisierung in Frage, die ihren symbolischen Sinn erfasst. Die *kerygmatische* Deutung „von oben" deutet die Präexistenz Jesu als Bild dafür, dass Jesus eine Botschaft aus der Ewigkeit Gottes bringt. Dabei ist er mehr als der Vermittler dieser Botschaft. Seine Person ist selbst die Botschaft. Die *poetische*

---

[75] In diesem Midrasch von den sechs Dingen, die vor der Welt erschaffen wurden, wird die Thora, der Thron Gottes, die drei Patriarchen, das Volk Israel, der Tempel, der Messias und die Buße aufgezählt. Vgl. G. Necker, Art. Präexistenz III. Judentum, RGG⁴ 6 (2003) 1536.

Deutung der Präexistenz „von unten" versteht sie als religiöse Dichtung, die in die Ewigkeit versetzt, was dem Menschen unbedingt wertvoll ist. Jesus weckt im Menschen einen Sinn für Ewigkeit. Menschen kommen durch ihn in Kontakt mit Gottes Ewigkeit. Wir deuten die Präexistenz Jesu also einerseits kerygmatisch als Bild für eine Botschaft, die in Gott ihren Ursprung hat, andererseits als poetisches Bild, das die religiöse Sehnsucht des Menschen geschaffen hat. Jesus bringt eine Botschaft aus der Ewigkeit zum Menschen und weckt gleichzeitig den Sinn für Ewiges in ihm. Diese Botschaft hat eine *soziale* Funktion. Wenn Menschen durch sie verändert werden, gehören sie zusammen. Aber die Botschaft aus dem Jenseits erreicht nicht alle, auch wenn ein Sinn für Ewiges in allen vorhanden ist. Denn alle Menschen gehen davon aus: Wenn etwas wahr ist, ist es in Ewigkeit wahr. Wenn wir uns irren, haben wir uns für immer geirrt. Dieser formale Sinn für Ewiges verbindet alle, seine religiöse Aktivierung nur wenige. Wichtig ist: Er verbindet nicht nur Menschen in derselben Religion. Jede Religion hat eine „verewigende Macht". Abschließend fragen wir: Können wir in diesem Präexistenzglauben ein Echo des *historischen* Jesus erkennen? Er hat sich nicht für präexistent gehalten, wahrscheinlich aber für den Boten der präexistenten Weisheit, die durch ihn Mühselige und Beladene einlud, von ihm zu lernen (Mt 11,28–30). Aufgrund der Ostererscheinungen wurde dieser Bote der Weisheit zu deren Inkarnation. Insofern gibt es eine schmale „Brücke", die vom irdischen Jesus zum präexistenten Sohn Gottes führt. Aber wichtiger ist: Im Präexistenzmythos wird ein Grundmotiv der christlichen Religion aktiviert: das *Ewigkeitsmotiv*. Religiöser Glaube schafft eine Berührung mit der Ewigkeit. Allem verleiht sie den Akzent des Ewigen. Vergängliches erhält eine ewige Bedeutung.

(2) *Schöpfungsmittlertum*: Schon früh übertrugen Anhänger Jesu nach seinem Tod das Bild der präexistenten Weisheit auf Christus. Sie waren überzeugt: Gott hat mit seiner Weisheit die Welt geschaffen. Die Welt ist sinnvoll eingerichtet. Menschen können diesen Sinn erkennen und in Übereinstimmung mit

ihm leben. Da dieser Sinn nicht unmittelbar einleuchtet, nahm die Weisheit in einzelnen Menschen Wohnung. Juden finden die Weisheit Gottes in der Thora, Moslems im Koran, Christen in Jesus. Als Juden und Christen mit der antiken Philosophie in Berührung kamen, entdeckten sie diese Weisheit als „Samen" auch in der griechischen Philosophie z.B. bei Sokrates. An das Motiv der Boten knüpft die kerygmatische Deutung an: Eine Botschaft aus dem Jenseits erinnert daran, dass die Welt Gottes Schöpfung ist. Doch die Boten der Weisheit werden abgelehnt. Das betont ein Jesuswort: „Darum spricht auch die Weisheit Gottes: Ich will Propheten und Apostel zu ihnen senden, und einige von ihnen werden sie töten und verfolgen..." (Lk 11,49). Die poetische Deutung von unten sagt, dass diese Weisheit trotzdem für alle zugänglich ist. Auch heute kann man Gottes Weisheit in der Schöpfung erkennen, wenn man in Naturgesetzen Gedanken Gottes sieht. Das NT sagt darüber hinaus, dass Gottes Weisheit nicht nur in der Natur verborgen ist, sondern in Christus. Wenn er als exemplarischer Mensch die Weisheit Gottes verkörpert, wird damit bezeugt: Wenn unsere Weisheit Echo einer Weisheit in der Schöpfung ist, so hat die Welt anthropischen Charakter, ist also so strukturiert, dass wir sie erkennen und in ihr leben können. Obwohl die Natur hart ist, bringt das Bild vom Schöpfungsmittler Jesus poetisch die Zuversicht zum Ausdruck, dass in dieser Schöpfung Menschlichkeit möglich ist. Daraus ergibt sich auch die soziale Funktion der Weisheit: Die Weisheit ist universalistisch. Sie will alle erreichen. Im Johannesevangelium begegnet sie in Form des Lichtes. Die Welt verschließt sich zwar vor diesem Licht und ist voll Hass (Joh 15,18f). Deshalb offenbart sich das Licht als Liebe im Widerspruch zur Welt. An dieser Liebe soll die Welt Jesu Jünger erkennen (13,35). Denn ihre mystische Einheit mit Christus und untereinander ist Gegenwart Gottes unter den Menschen (17,21-23). Zuletzt fragen wir: Gab es schon beim historischen Jesus ein Motiv, das seine Rolle als Schöpfungsmittler ahnen lässt? Es begegnet nur in Form der Weisheit, deren Bote Jesus ist. Diese Weisheit war nach jüdischem Glauben bei der Schöpfung beteiligt. Jesus, ihr Bote, erneuert die Schöpfung. Die Unterscheidung von Rein und Unrein gab es bei der Schöpfung nicht. Ehescheidung war nicht vorgesehen. Der Sabbat sollte dem Menschen dienen. Von dieser positiven Wertung der Schöpfung in Jesusworten ist es freilich ein gewaltiger Sprung zur Schöpfungsmittlerschaft Jesu. Entscheidend ist auch hier. Im mythischen Motiv der Schöpfungsmittlerschaft wird ein Grundmotiv der christlichen Religion aktiviert: das *Weisheitsmotiv*. Die Wirklichkeit ist von einer überlegenen Intelligenz durchdrungen, die sich in Christus zeigt.

(3) *Menschwerdung*: Die Menschwerdung hat zwei Seiten: Im JohEv ist sie das Aufleuchten der Herrlichkeit Gottes: „Und das Wort wurde Fleisch und wir sahen seine Herrlichkeit" (Joh 1,14), im Philipperhymnus dagegen Erniedrigung ohne Herrlichkeit: „Er entäußerte sich selbst und nahm die Gestalt eines Sklaven an, ward den Menschen gleich und der Erscheinung nach als Mensch erkannt." (Phil 2,7f). Der Mythos der Menschwerdung sagt in seiner *kerygmatischen* Deutung „von oben" daher: Wenn Gott Mensch wird, kann Gott im niedrigsten Menschen begegnen. Eine *poetische* Deutung „von unten" sieht in der Menschwerdung dagegen ein Bild dafür, dass auch das niedrigste menschliche Leben unendlichen Wert hat: Gott will im Menschen von der Geburt bis zum Grab wohnen, vom ersten Schrei bis zum letzten Atemzug. Die Botschaft ist: Der Mensch hat unendlichen Wert, weil Gott bereit ist, Wohnung in ihm zu nehmen. Wenn die Theologen der Alten Kirche gegen jede nur scheinbare Menschwerdung Gottes in Jesus kämpften, kämpften sie für ihre eigene Menschwerdung. Sie wollten unter den Einschränkungen menschlichen Lebens ein erfülltes Leben führen, in dem Gott präsent ist. Die *soziale* Deutung knüpft daran an. Der Johannesprolog zeugt in zwei Strophen vom Licht der Welt und der Entstehung einer Gemeinschaft, die sagt: „Wir sahen seine Herrlichkeit" (Joh 1,14). Das Aufleuchten des Lichtes in der Finsternis geschieht durch Ver-

wirklichung von Gnade und Liebe in einer vom Hass gezeichneten Welt. Im Philipperhymnus geschieht das Neue dadurch, dass Hierarchien in Frage gestellt werden: Christus, der auf alle Macht und Gewalt freiwillig verzichtet, wird über alle Mächte eingesetzt (Phil 2,7–11). Zusammen geben diese Deutungen der Menschwerdung einen Sinn. Die kerygmatische Deutung sagt: Der Mensch ist mehr wert als alles in der Welt. Er gewinnt das eigentliche Leben durch einen Ruf, der ihn aus dieser Welt herausruft, so dass er nicht mehr aus dieser Welt lebt. Die poetische Deutung ergänzt: Der Mensch gewinnt seinen Wert, wenn er in dieser Welt Mensch wird, wenn also Jesu Menschwerdung zum Modell seiner Menschwerdung wird. Die soziale Deutung konkretisiert: Mit der Menschwerdung Gottes wird das Gesetz durch Gnade abgelöst und das hierarchische Prinzip überwunden. Gott übernimmt die allerniedrigste Rolle, die es auf Erden gibt: die des hingerichteten Verbrechers. Auch das Motiv der Menschwerdung ist beim *historischen Jesus* nur schwach im Motiv der Weisheit vorgebildet: Die Weisheit inkarniert sich nie exklusiv in einem einzigen Menschen, sondern verkörpert sich nacheinander in vielen Menschen. Jesus hat sich zwar als ihr letzter Bote verstanden (vgl. Lk 13,34f), nicht aber als ihre singuläre Inkarnation. Hier geschah eine Steigerung über das Selbstverständnis des historischen Jesus hinaus. Die Menschwerdung ist insgesamt eine Variation des *Inkarnationsmotivs*, das uns in vielfältiger Gestalt in der christlichen Religion begegnet: Der Geist Gottes verkörpert sich in Menschen, in der Gemeinde, im Sakrament und im menschgewordenen Christus.

4. Mythische Motive des Lebens Jesu

Das präexistente Lebens Jesu wurde durch mythenbildende Imagination geschaffen, die Erzählungen von seinem Leben deuten historische Ereignisse: Jesus wurde von einer Frau geboren, vollbrachte Heilungen, wurde gekreuzigt. Mythische

Motive geben dem eine tiefere Bedeutung: Engel schützen Jesus bei seiner Versuchung in der Wüste, Dämonen fliehen vor seiner Heilkraft. Geburt und Tod werden von Zeichen und Wundern umgeben.

(1) *Jungfrauengeburt*: Das MtEv und LkEv sagen: Jesus wurde von der Jungfrau Maria geboren und durch Gottes Geist gezeugt. Manche meinen, Jesus sei das uneheliche Kind der Maria, was Josef irritierte, als er ihre Schwangerschaft feststellte. In Parallelen zu wunderbaren Zeugungen durch eine Gottheit fehlt das Motiv des irritierten Vaters. Hat die Überlieferung deswegen vielleicht einen historischen Kern? Die Vorstellung von einer wunderbaren Zeugung durch einen Gott war dem Judentum eigentlich fremd. Gen 6 erzählt den Fall von Engeln, die mit Menschenfrauen Riesen zeugten und nach späterer jüdischer Überlieferung damit die Dämonen in die Welt brachten. Das zeigt: Nicht nur Josef, auch andere Juden nahmen Anstoß an der übernatürlichen Zeugung von Kindern. Diese pagane Vorstellung leugnet die Distanz zwischen Gott und Mensch. Im Übrigen galt Jesus als Sohn Josefs. Unbefangen wird von seinen Brüdern erzählt. Paulus weiß nichts von seiner wunderbaren Zeugung. Warum hat man seine Existenz trotzdem auf eine „Zeugung durch den Geist" zurückgeführt? *Kerygmatisch* wird damit zum Ausdruck gebracht, dass vor Gott die menschliche Herkunft nicht entscheidend ist. Jesu Stammbaum zielt ja eigentlich auf seine Abstammung von König David. Die Jungferngeburt durchkreuzt das – nicht aufgrund einer ungeschickten Vermengung von Überlieferungen, sondern bewusst: Jesu Status ist nicht durch seine Herkunft aus einem Königshaus bestimmt, sondern durch seine Beziehung zu Gott. Unter seinen Anhängern waren nur wenige von hoher Herkunft, alle aber durch den Geist gezeugt. Geistzeugung und Jungferngeburt sind *poetisch* Modelle für jeden Christen. Nach dem JohEv sind alle Christen „nicht aus Blut, nicht durch den Willen des Fleisches, nicht durch den Willen eines Mannes, sondern durch Gott gezeugt" (Joh 1,13). Es bleibt ein wichtiger Unterschied: Jesus wurde als Kind durch den Geist geboren, der

Christ als mündiger Mensch. Doch sie gehörten zusammen. Das ist die *soziale* Funktion des Mythos von der Jungferngeburt: Menschen von so hoher Abstammung sind eine Familie. Einer von ihnen hat eine besondere Stellung. Auch Alexander der Große galt als Sohn einer Gottheit. Jesus hatte wie Alexander ein Weltreich gegründet, doch in seinem Reich sind alle in gleicher Weise vom Geist gezeugt, Sklaven und Freie, Reiche und Arme, Männer und Frauen. Zur Überwindung der Unterschiede von Mann und Frau sagt der Mythos von der Jungferngeburt: Eine Frau hat einen Wert unabhängig von ihrer Beziehung zu einem Mann in ihrer unmittelbaren Beziehung zu Gott. Die Jungfrau Maria wurde so zum Vorbild weiblicher und männlicher Asketen. Die Zeugung durch den „Geist" hat freilich kaum Anhalt am *historischen Jesus*: Jesus erhielt nach der ältesten Überlieferung im MkEv seinen Status als „Sohn Gottes" durch den Geist bei seiner Taufe. Die Taufe unterschied sich von den Waschungen im Judentum dadurch, dass sie einmalig und an den Täufer gebunden war – wie Ernennungsrituale für Priester, die mit einer Besprengung durch Wasser verbunden waren. Voraussetzung der Taufe war, dass Juden nicht schon durch Geburt als Nachkommen Abrahams einen positiven Status hatten. Erst die Taufe erneuerte ihn. Das wird zwar nur in der Erzählung von der Taufe Jesu deutlich, geschah aber in jeder Taufe. Wenn Jesus bei seiner Taufe durch Geistverleihung zum „Sohn Gottes" wurde, sagt das: Der vom Geist verliehene Status ist wichtiger als physische Abstammung. Geistzeugung und Jungferngeburt entsprechen damit einem Grundmotiv der christlichen Religion, der Überzeugung von *Statuskontingenz*: Wahrer Status wird allein von Gott verliehen.

(2) *Engel*: Jesu Geburt wurde durch Engel als Boten Gottes angekündigt. Engel existieren nur, solange sie einen Auftrag Gottes haben. Nur drei haben Namen: Gabriel bedeutet „Mann Gottes", Raphael „Gott hat geheilt", Michael „Wer ist wie Gott?" Alle sind Erscheinungen Gottes. Es gibt freilich nicht nur gute Engel: Ein Engel vertreibt die Menschen aus dem Paradies (Gen 3,24). Engel gießen Schalen des Zorns auf die Erde

(Apk 16,1-21). Aber meist bringen sie gute Botschaften und helfen. Ein Engel kündigt Maria die Geburt Jesu an (Lk 1,26ff), Engel verkünden den Hirten Frieden auf Erden (Lk 2,14), dienen Jesus in der Wüste und bewahren ihn vor dem Hungertod (Mk 1,13). Ein Engel stärkt ihn in Todesangst (Lk 22,43). Ein Engel verkündigt seine Auferstehung (Mk 16,5-7). Engel symbolisieren *kerygmatisch* Botschaften Gottes. Während Gott in seiner Transzendenz bleibt, nähern sich die Engel den Menschen. Engel lassen sich *poetisch* leicht entmythologisieren: Jeder Mensch kann Gottes Engel werden, ohne dass es sein Verdienst ist. Manche haben unerkannt Engel beherbergt (Hebr 13,2). Engel haben *soziale* Funktionen. Sie kündigen Maria die Geburt ihres Kindes an und veranschaulichen nach dem Magnifikat der Maria, dass Gott „die Niedrigkeit seiner Magd angesehen hat" und „die Gewaltigen vom Thron stößt und die Niedrigen erhebt" (Lk 1,47.52). Engel verkündigen einfachen Hirten Frieden (2,14) und vermitteln ihre Botschaft an die sieben Gemeinden der Apokalypse (Apk 2,1-3,21). Engel gehörten zur Glaubenswelt des *historischen Jesus*. Der Menschensohn wird mit Engeln kommen (Mk 8,38), In der Ewigkeit werden Menschen weder Mann noch Frau, sondern wie „Engel" im Himmel sein (Mk 12,25). Oft begegnen Frauen in der Jesusüberlieferung in der Rolle von Engeln. Nach der Versuchungsgeschichte dienen Engel Jesus (Mk 1,13), später dienen Maria und Martha Jesus. Eine Frau salbt Jesus vor dem Tod. Frauen erzählen als erste von seiner Auferstehung. Engel sind Ausdruck eines *Erscheinungsmotivs*: Gott erscheint vorübergehend in einer Gestalt, in der er zugänglich wird – manchmal in einem Menschen als Engel.

(3) *Satan*: Die ersten Christen haben erzählt: Jesus sei vom Satan als Widersacher Gottes versucht worden. Der Satan spielt in monotheistischen Religionen eine ambivalente Rolle. Wenn Gott das Gute will, kann man Leid und Unglück erklären, indem man es einem Diener Gottes zuschreibt, der gegen Gott rebellierte. Zur Entlastung Gottes wird dem Satan alles Böse

zugeschrieben. Die *kerygmatische* Entmythologisierung des Satans sieht in ihm ein Bild für die Versuchung, als Gott zu verehren, was in Wirklichkeit kein Gott ist. Immer wieder meinen Menschen, Gott zu dienen, verraten aber in Wirklichkeit Gott. Die Versuchungsgeschichte entlarvt das als Täuschung des Satans. Der Mythos vom Satan ist insofern eine Selbstkritik des Monotheismus. Die Gestalt des Satans soll die Augen öffnen für den missbrauchten Gott. Jesus überwindet diesen Satan. *Poetisch* lässt sich der Satan als Eigendynamik des Bösen deuten. Wir verstricken uns in den Folgen unseres eigenen bösen Tuns. Um es zu vertuschen, riskieren wir erneut regelwidriges Handeln und geraten dadurch immer mehr auf Abwege. Die Eigendynamik des Bösen wirkt besonders destruktiv in *sozialen* Konflikten, wenn Engagement in Fanatismus umschlägt, Politiker absolute Macht beanspruchen, Heiligkeit Heuchelei wird und der Glaube an Gott ein Wahn. Wenn Menschen Gott verehren, müssen sie sich immer wieder fragen, ob sie nicht in Wirklichkeit dem „Satan" dienen. Dessen Gestalt gehört zur Verkündigung des *historischen Jesus*. Wahrscheinlich greift Jesus auf ein Berufungserlebnis zurück, wenn er sagt, dass er den Satan wie einen Blitz vom Himmel fallen sah (Lk 10,18). Mit ihm wurde ein dunkler Schatten im Himmel entfernt. Auf Erden aber gaben die Exorzismen Jesu die Gewissheit, dass der Satan besiegt wird. Die Satansgestalt ist eine Variante des *Distanzmotivs*. Menschen leben von Gott getrennt. Was sie von Gott entfernt, erhält als Satan eine Eigendynamik, die immer weiter von ihm trennt.

(4) *Reich Gottes*: Im Zentrum der Verkündigung Jesu steht der Mythos vom Reich Gottes, das bald kommen wird, aber schon in der Gegenwart beginnt.[76] In der Gegenwart gehen Erwartungen vieler Generationen in Erfüllung, weswegen Jesus Menschen glücklich preist, die sie erleben (Mt 13,16f). In ihr bricht die Zukunft an wie im Wachstum der Saat die reife Frucht schon verborgen da ist (Mk 4,26–29). Schon jetzt setzt

---

[76] Vgl. G. Theissen/A. Merz, Der historische Jesus, 1996, 232–241.

sie sich im Kampf gegen die Dämonen durch (Lk 11,20). Alle Aussagen über diesen Beginn der Gottesherrschaft in der *Gegenwart* werden durch die Erwartung der Gottesherrschaft in naher Zukunft überstrahlt. Sie ist so nahe, dass Menschen ihr durch Umkehr in ihrem Leben entsprechen (Mk 1,15). Die Erwartung, die ganze Welt werde bald zugrunde gehen, wird von Jesus in eine Chance umgedeutet, die man ergreifen muss. Ein Nebeneinander von präsentischen und futurischen Aussagen war allen Juden durch den Gottesdienst vertraut. In ihm wurde Gott gleichzeitig als gegenwärtiger Herrscher der Welt verehrt und um sein Kommen in der Zukunft gebetet. Jesus verlagerte dieses Zeiterleben aus dem Gottesdienst in den Alltag, indem er im Vaterunser futurische und präsentische Aussagen verbindet (Mt 6,9–13). Futurisch sind die Du-Bitten: „Geheiligt werde Dein Name. Dein Reich komme". Dabei meint Jesus durchaus, dass Menschen zu dessen Kommen beitragen können. Das sagt das Gleichnis von der selbstwachsenden Saat, das man oft ganz anders interpretiert, als könne der Mensch nichts zum Reich Gottes beitragen (Mk 4,26–29). Aber in diesem Gleichnis sind die ausgesäten Samen Menschen, die *von selbst* Frucht bringen sollen. Sie sollen spontan tun, was die Gottesherrschaft herbeiführt, ohne dazu genötigt zu werden.[77] Von solch einer Aktivität des Menschen beim Weg in die Gottesherrschaft zeugen viele Worte Jesu: Menschen sollen die Gottesherrschaft *suchen* (Mt 6,33), in sie *hineingehen* (Mk 9,47 u.ö.), um ihretwillen alles *verkaufen* (Mt 13,44), sie wie ein Kind *annehmen* (Mk 10,15). Sie können sogar andere Menschen durch ihr Fehlverhalten *ausschließen* (Mt 23,13). Während die beiden Du-Bitten im Vaterunser an der Zukunft orientiert sind, beziehen sich die ersten Wir-Bitten auf die Gegenwart. Sie bitten um

---

[77] Vgl. G. Theissen, Der Bauer und die von selbst Frucht bringende Erde. Naiver Synergismus in Mk 4,26–29? ZNW 85 (1994) 167–182; ders., Die Bilderwelt des Gottesreichs. Familien- und Pflanzenmetaphorik bei Johannes dem Täufer und Jesus von Nazareth, in: M. Schmidt/ M. Lau (Hg.), Sprachbilder und Bildsprache. Studien zur Kontextualisierung biblischer Texte, NTOA 121, 2019, 173–199.

Nahrung für alle und um Vergebung. Hinzu kommt die Bitte um Bewahrung vor Versuchung. Sie ist charakteristisch für Jesus. Nach ihm kommt die Gottesherrschaft nicht durch Sieg über die Feinde, sondern durch den Sieg des Menschen über sich selbst, indem er der Versuchung widersteht. Aus weiteren Worten Jesu geht hervor: Das Gottesreich erneuert die Schöpfung: Was Gottes Weisheit in der Schöpfung intendierte, wird in ihm vollendet. Es gibt nichts Unreines wie vor Erlass der Reinheitsgesetze (Mk 7,15; vgl. Lev 11,1–15,33). Die Dämonen verlieren ihre Macht, die sie erst nach der Schöpfung der Welt erhalten haben (Lk 11,20; vgl. Gen 6). Auch wird es keine Untreue und Ehescheidung geben. Denn in der Urzeit gab es nur ein einziges Paar (Mk 10,2–12). Wenn Jesus sagt, dass der Mensch nicht um des Sabbats willen geschaffen wurde, sondern der Sabbat um des Menschen willen, erneuert er die Zeit vor der Erschaffung des Sabbats am siebten Tage der Schöpfung (Mk 2,27f; Gen 2,1–3). Eine pointierte Aussage über die Gegenwart der Gottesherrschaft im Menschen ist der rätselhafte Spruch:[78]

> Als er aber von den Pharisäern gefragt wurde:
> Wann kommt das Reich Gottes?,
> antwortete er ihnen und sprach:
> Das Reich Gottes kommt nicht mit äußeren Zeichen;
> man wird auch nicht sagen: Siehe, hier!, oder: Da!
> Denn sehet, das Reich Gottes ist in euch.
> (Lk 17,20f)

Das Neue in der Eschatologie Jesu war die Verbindung von präsentischer und futurischer Eschatologie. Sie hat existenzielle Bedeutung für jeden Einzelnen. Jeder soll die Chance zur Um-

---

[78] Die Übersetzung ist umstritten. *Entós* bedeutet entgegen einer starken exegetischen Tradition nicht „in eurer Mitte", sondern „in euch". „*To entós*" meint nämlich in Mt 23,26 eindeutig das Innere. Für die Bedeutung „in eurer Mitte" kennt das LkEv die Wendung: „*en mésō*" (Lk 2,46; 8,7; 21,21 u.ö.). Eine Deutung auf das Innere passt auch zu ThEv 3: „Das Reich Gottes ist inwendig in euch und außerhalb von euch".

kehr ergreifen und sein Leben neu beginnen. Die Gottesherrschaft beginnt daher in jedem Einzelnen, der zu Gott umkehrt. Aber diese existenziale Deutung auf das Leben des Einzelnen umfasst auch eine soziale Deutung: Die Umkehr führt in ein Gottesreich, in dem Menschen in neuer Weise zusammenleben werden. Unterschiede zwischen Menschen oben und unten werden in ihr ebenso überwunden wie zwischen Nahen und Fernen, wenn Menschen einander helfen, gemeinsam feiern und beten. Eine solche Verbindung von Gegenwart und Zukunft finden wir auch in den Worten vom Menschensohn.

(5) *Menschensohn*: Diese Bezeichnung für jeden Menschen benutzt Jesus in dreifacher Weise. Er bezeichnet sich in seinem gegenwärtigen Wirken als Menschensohn, prophezeit seinen Tod und erwartet einen (anderen?) als überirdischen Richter. Während in Dan 7 dieser Richter eine engelhafte Gestalt „wie ein Menschensohn" ist, spricht Jesus von ihm wie von dem gegenwärtigen „Menschensohn" ohne Vergleichspartikel. Der Täufer hatte den „Stärkeren" deutlich von sich unterschieden, dagegen gleicht Jesus den zukünftigen „Menschensohn" an den gegenwärtig handelnden Menschensohn an. Er stellt sich damit auf dieselbe Stufe wie der zukünftige Richter. Für uns ist dabei wichtig: Wir finden beim Menschensohn dieselbe Zeitstruktur wie beim Reich Gottes. Wie es ein gegenwärtiges und zukünftiges Reich Gottes gibt, so auch einen Menschensohn in Gegenwart und Zukunft. Ihr Verhältnis wird verschieden in der Logienquelle Q und im MkEv bestimmt. Q betont seine Außenseiterrolle: Im Unterschied zu Tieren hat er keine Heimat (Mt 8,20 par.) und gilt als Fresser und Weinsäufer (Mt 11,18; 12,32). Der kommende Menschensohn wird Noah, Lot und Jona gegenübergestellt, also Menschen, die eine Katastrophe zu bewältigen hatten (Lk 17,26f.28; 11,30). Worte vom leidenden Menschensohn fehlen. Das MkEv betont dagegen beim gegenwärtigen Menschensohn seine Vollmacht zu Sündenvergebung und Sabbatbruch (Mk 2,10.28) und seine Niedrigkeit in Leidensankündigungen, in denen die Sterblichkeit jedes „Menschensohns" an Jesus konkretisiert wird (Mk 8,31 u.ö). Das

MkEv stellt dem himmlischen Menschensohn auch keine Menschen der fernen Vergangenheit (wie Noah, Lot und Jona) gegenüber, sondern den Menschen Jesus. Der himmlische Menschensohn wird die Menschen danach beurteilen, wie sie sich zu diesem Menschen verhalten haben (Mk 8,28). Das gilt auch für seine Richter, denen er ankündigt, sie würden den Menschensohn zur Rechten Gottes sitzen und mit den Wolken des Himmels kommen sehen (Mk 14,62) – entsprechend Dan 7,13, nur dass aus einer Gestalt, die mit einem „Menschensohn" verglichen wird, „der Menschensohn" selbst geworden ist (ähnlich Mk 13,26). Wir finden in der Jesusüberlieferung also dieselbe zweistufige Zeitstruktur beim Gottesreich und beim Menschensohn. Mit Jesus beginnt das Reich Gottes, mit ihm kündigt sich ein neuer Mensch an. Beide Zeitstufen finden sich auch bei Paulus, auch wenn er wie im Griechischen üblich vom „Menschen" und nicht vom „Menschensohn" spricht. Der neue „Mensch" Jesus ist durch seinen Gehorsam Gegenbild zum ungehorsamen Adam (Röm 5,12–21), durch seine Auferstehung Gegenbild zum sterblichen ersten Menschen (1Kor 15,20–22.45–49). Während der Menschensohn von Dan 7 nur Israel repräsentiert, repräsentiert der neue Mensch bei Paulus die Menschheit. Paulus verstand es als seine Sendung, die Botschaft auf alle Menschen, auf Juden und Heiden, auszuweiten.[79] Wenn wir heute den Doppelmythos vom Reich Gottes und vom neuen Menschen entmythologisieren, sollten wir sie wie Bultmann zunächst als Darstellungen eines neuen Existenzverständnisses deuten. Der neue Mensch ist der durch den Geist

---

[79] Vergleichbar ist in den Evangelien und bei Paulus ferner der fehlende Gegensatz zu wilden Tieren. In Dan 7 steht das Reich des „Menschensohns" in Kontrast zu den von Tieren symbolisierten repressiven politischen Reichen. Die Jesusüberlieferung vergleicht dagegen den irdisch wirkenden Menschensohn mit friedlichen Tieren, die eine Wohnung auf Erden haben (Mt 8,20). Der zukünftige Menschensohn besiegt keine fremden Reiche, sondern rettet die Erwählten (Mk 13). Erst die Johannesapokalypse kontrastiert den zukünftigen Menschensohn (Apk 1,13: 14,14) wie Daniel mit dem durch Drachen symbolisierten römischen Reich.

wiedergeborene Mensch. Aber im Neuen Testament ist er noch mehr: Mit ihm bricht in der Geschichte eine neue Welt an. Mitten in ihr macht die Evolution einen Sprung nach vorne. Ein neuer Mensch ist in Jesus einerseits schon da, andererseits bereitet er sein Kommen vor. Aber immer ist es ein „Menschensohn" oder der „Mensch" schlechthin. Was aber zeichnet diesen neuen Menschen aus? Worin erkennt man, dass hier etwas Neues entsteht? Die ersten Christen hätten wahrscheinlich auch auf seine Wunder verwiesen.

(6) *Wunder:* Einige Heilungen und Exorzismen Jesu sind gewiss historisch. Ethnomediziner haben Beispiele vormedizinischer Heilungen gesammelt und ausgewertet, die nahe legen, dass Jesus wirklich geheilt hat. Wundergeschichten deuten seine Heilungsgabe in zweifacher Weise. Bei Krankenheilungen geht von Jesu eine positive Kraft auf den Kranken über, bei Exorzismen wird aus dem Kranken ein Dämon vertrieben. Von solchen Wundertaten erzählte man sich schon zu Lebzeiten Jesu. Deshalb traute man Jesus noch größere Wunder wie die Speisung der 5.000 zu. Da Jesus viele Menschen anzog, war es ein Rätsel, wovon er sie ernähren konnte. Eine Antwort fand man in alten Überlieferungen: Elia hatte einer Witwe durch ein Wunder Speise verschafft, Elisa Brote vermehrt, Mose das Volk in der Wüste mit Wachteln und Manna ernährt. Jesus galt als neuer Mose. Wenn das Volk zu ihm strömte, musste er es auf wunderbare Weise ernähren. Eine *kerygmatische* Entmythologisierung deutet die Wunder als Bilder für innere Prozesse. Die Heilungswunder zielten weniger auf körperliche Heilung als auf Glauben. Die Flucht der Dämonen kündige den Beginn einer neuen Welt an. Gott will eine von Dämonen freie Welt, in der sich keine dunklen Mächte zwischen ihn und die Menschen schieben. Die *poetische* Entmythologisierung der Wundergeschichten deutet die Wundergeschichten dagegen als Aufbegehren gegen konkrete Not – gegen Krankheit, Kontrollverlust, Hunger und Gefahr. Diese Geschichten haben Menschen Mut gemacht, solche Gefahren durchzustehen. Sie haben Menschen *sozial* motiviert, aussichtslose Kranke nicht aufzugeben. Wer

davon erzählt, dass man mit fünf Broten 5000 Menschen ernährt, resigniert nicht angesichts des Hungers in der Welt. Diakonie für die Armen und Hungernden wurde zur Verpflichtung. Zweifellos fiel schon der *historische Jesus* durch „Wunderheilungen" auf. Einige seiner Therapien und Exorzismen sind im Kern historisch. Nachösterliche Erfahrungen wurden in sie hineingewoben, wenn Jesus über das Wasser geht oder sich bei seiner Verklärung in eine Lichtgestalt verwandelt. Alle Wundergeschichten sind Ausdruck eines *Wundermotivs*, das uns in vielen Variationen begegnet und sagt: Die Wirklichkeit ist offen für überraschende Wendungen. Glauben und Gebet, Gott und Mensch bewirken Unvorhersehbares gegen alle Erwartungen.

(7) *Epiphanien*: Jesus wird durch Epiphanien verklärt. Drei Mal bestätigt der Himmel vorhergehende Aussagen. Der Täufer kündigt Jesus als den Stärkeren an, die Himmelsstimme bestätigt ihn bei der Taufe als „geliebten Sohn". Petrus bekennt sich zu Jesus als Messias, die Stimme Gottes bei der Verklärung überbietet sein Bekenntnis und proklamiert ihn als „Sohn". Der Hauptmann am Kreuz erkennt, er „war Gottes Sohn", der Engel am leeren Grab korrigiert ihn: Jesus *war* nicht Gottes Sohn, sondern *ist* lebendig. Solche Epiphanien des Himmels sind von Ostern her zu deuten. Erst seit Ostern wurde Jesus als Sohn Gottes verehrt (Röm 1,4). Dieser Osterglaube wurde mit einem gewissen Recht zurück ins Leben Jesu verlegt, denn die Taufe war die Verleihung eines neuen Status als „Kinder Gottes". Die Tauferzählung versichert dabei *kerygmatisch*: Alle werden als Christen Söhne und Töchter Gottes. Allen gilt die Stimme Gottes. Alle werden durch sie verwandelt. Auch Paulus versichert: Alle Christen werden zu Söhnen Gottes durch Taufe und Geistverleihung (Gal 3,23–4,7; Röm 8,15–17). Die Erzählung sagt ferner *poetisch*: Durch diese Verwandlung geraten die Christen in eine „Wüste" jenseits des normalen Lebens und sind Gefahren ausgesetzt, die als Versuchungen des Teufels dargestellt werden. Aber Engel schützen sie. Die Erzählung sagt

sozial: Sie gehören zu einer neuen Gemeinschaft. In der Verklärungsgeschichte wird sie durch drei Jünger dargestellt.

(8) *Sühnetod*:[80] Jesus wurde zwischen zwei Aufrührern als Rebell gekreuzigt, weil viele hofften, dass er der kommende König Israels ist. Auch wenn er diese Erwartung zurückgewiesen hat (Mk 8,39), hat er beansprucht, mit ihm komme das Reich Gottes, das vorläufig mit den bestehenden politischen Reichen koexistieren konnte. Er erwartete einen Umschwung aller Dinge durch Gott. Für die Römer war es kein Unterschied, ob der Messias oder Gott selbst ihre Herrschaft beenden wird. Mit ihrer Herrschaft war es in jedem Fall vorbei. Jesus war insofern kein Opfer von Missverständnissen, sondern von realen Konflikten zwischen den römischen Herrschern und dem jüdischen Volk. Seine Anhänger gaben seinem Tod nachträglich einen Sinn: Er sei als *Prophet* wegen seiner Botschaft umgebracht worden. Sein Leiden sei das Leiden des *Gerechten*, das in den Psalmen beklagt wird. Es sei ein notwendiger *Durchgang* zu seiner Herrlichkeit. Vor allem betonten sie, er habe sein Leben freiwillig hingegeben, um für die Sünden der Menschen *Sühne* zu leisten. Diese Deutung wird in der Neuzeit heftig abgelehnt. Es passe nicht zu unserem Gottesbild, wenn Gott auf den Tod eines Menschen angewiesen ist, um gütig zu sein. Es widerspreche unserem Menschenbild, wenn Schuld übertragen wird, da man nur Schulden übertragen kann. Es widerspreche unserer Ethik, dass eine Todesstrafe Grundlage des Heils sein soll. Gerade solche berechtigten Einwände sollten uns motivieren, nach dem Sinn dieser Deutungen des Todes Jesu zu fragen. Seine *kerygmatische* Deutung knüpft an Deutungen des Todes Jesu bei Paulus an, der ihn als Ärgernis und Sühne deutete. Das Kreuz ist ein Ärgernis (oder *skándalon*), mit dem Gott die Maßstäbe dieser Welt auf den Kopf stellte. Solch ein Ärgernis entspricht modernen Werten. Wir wissen: Provokationen können

---

[80] G. Theißen, Das Sterben Jesu „für uns", in: Resonanztheologie, 2020, 269–289.

wertvolle Botschaften vermitteln. Kein grundsätzliches Problem ist auch die Erneuerung menschlichen Lebens durch ein Sterben und Auferstehen *mit* Christus, im Gegenteil: Die Chance, das Leben noch einmal neu beginnen zu können, ist Zeichen menschlicher Freiheit. Es ist kein Zufall, dass Bultmann diese Deutung bejaht, das Sterben Christi *für* unsere Sünden dagegen dezidiert ablehnt. Eine *poetische* Entmythologisierung kann dagegen auch darin einen Sinn sehen. Im Sündenbock-Ritual übertrug der Priester durch Handauflegung die Sünden des Volkes auf den Sündenbock, der in die Wüste gejagt wurde, um dort zu verenden. Das Ritual zeigt: Wir sind bereit, fremdes Leben zu opfern, um das eigene Leben zu retten. Das Ritual öffnet uns die Augen für eine Welt, in der Leben auf Kosten anderen Lebens lebt. Davon haben wir schon immer in der Evolution des Lebens profitiert. Unsere Augen sehen nur deshalb so gut, weil der Affe mit schlechten Augen den Ast verfehlte, auf den er springen wollte und als unser Vorfahre ausschied. Unsere Lebensfähigkeit basiert auf dem Leiden anderer Kreaturen. Sobald wir im Leben aktiv werden, lassen wir es zu, dass andere für uns leiden und sterben – durch ungleiche Verteilung von Lebenschancen auf der Erde. Wenn wir in Europa eine Lebenserwartung von 80 Jahren haben, hängt das damit zusammen, dass in anderen Ländern die Lebenserwartung niedriger ist. Das Kreuz konfrontiert uns mit solchen Tatsachen, die wir gerne verdrängen: Wir leben, weil andere an unserer Stelle sterben. Die Gewalttätigkeit, die sich im Kreuz zeigt, ist daher nicht Grund unseres Heils, sondern Spiegel unseres Elends. Das poetische Bild vom Sühnetod Jesu offenbart ein universales Unheil: Menschen sind bereit, andere für ihre Sünden sterben zu lassen. Verbunden mit der Auferstehung aber ist der Tod Jesu ein Protest gegen dieses Elend, in das wir alle verstrickt sind. Daraus ergibt sich die *soziale* Deutung des Kreuzes. Wir werden ja nicht nur passiv in Leid und Schuld verstrickt, sondern machen andere aktiv zu Sündenböcken, durch Mobbing in Kleingruppen und Diskriminierung in der Gesellschaft. Sie werden Opfer unserer ungelösten Konflikte. Die Botschaft des Kreuzes ist: Wir alle leben auf Kosten anderen Lebens. Jesu zentrale Botschaft war dagegen das Liebesgebot, verstanden als Unterstützung von Schwachen und Armen, Kranken und Verlorenen. Ostern ist die Botschaft, dass wir ein Leben, das auf Kosten anderen Lebens lebt, durch ein Leben für andere überwinden können. Will man das Neue der Verkündigung und des Lebens Jesu auf einen Begriff bringen, so kann man es als „Antiselektionismus" bezeichnen, als Hilfe für die, die nach dem Selektionsprinzip in der bisherigen Evolution verloren sind: durch Krankheit, Hunger, Verfolgung und Diskriminierung.[81] Das Sterben für andere ist nur eine Extremform der Überwindung des Selektionsprinzips, ein Widerspruch dagegen, dass wir andere für uns sterben lassen. Historisch umstritten ist, ob schon Jesus seinen Tod als Sterben für andere gedeutet hat. Manche meinen, Jesus hätte auf wachsenden Widerstand gegen seine Botschaft mit dem Entschluss reagiert, auch für seine Feinde zu sterben.[82] Richtig ist: Er hat bewusst den Tod riskiert, als er nach Jerusalem zog. Denn er hatte das Geschick des Täufers und dessen Hinrichtung vor Augen. Unwahrscheinlich aber ist, dass Jesus selbst seinen Tod als „Sterben für andere" interpretiert hat. Die Einsetzungsworte beim Abendmahl sind nachösterliche Deutung. Die Didache kennt eine Form des Abendmahls ohne diese Deutung (Did 9). Die Emmausjünger konnten Jesu Sterben keinen Sinn abgewinnen; erst der Auferstandene belehrte sie darüber (Lk 24,25–27). Diese Sinndeutung seines Todes ist daher wahrscheinlich erst nachösterlich entstanden, aber sie fasst eine durchgehende Tendenz seines Wirkens im Blick auf seinen Tod zusammen: Jesus gab den Verlorenen neue Lebenschancen: allen Menschen durch Umkehr, Kranken durch Heilungen, Diskriminierten

---

[81] G. Theißen, Antiselektionismus: Gottes Botschaft in der Schöpfung? in: Resonanztheologie, 2020, 119–139.
[82] Vgl. L. Oberlinner, Der Weg Jesu zum Leiden, in: L. Schenke u.a. (Hg.), Jesus von Nazareth, 2004, 275–318.

durch Gemeinschaftsmahle, Sündern durch Vergebung. Die Deutung des Todes als Sterben für andere fasst diese Tendenz zusammen: Anstatt andere für uns sterben zu lassen, soll der Mensch für andere leben und sich im Extremfall für sie opfern. Die Vorstellung vom Sühnetod ist eine Variante des *Stellvertretungsmotivs*: Alles Leben ist stellvertretendes Leben, entweder als Leiden an der Stelle anderer oder als Leben für andere.

(9) *Höllenfahrt*: Das Neue Testament spricht realistisch von der Hölle. Dort enden Menschen ohne Mitmenschlichkeit (Mt 25,31–46). Der reiche Mann leidet in ihr, der arme Lazarus kommt dagegen in den Himmel (Lk 16,19–31). Aber Christus ist in die Hölle hinabgestiegen, um auch den Verstorbenen Erlösung zu bringen (1Petr 3,18–20). Diese Höllenfahrt Jesu wurde ins apostolische Glaubensbekenntnis aufgenommen und als einziger Glaubensartikel in der Neuzeit „offiziell" entmythologisiert, indem man die Höllenfahrt durch die Wendung ersetzte, er sei „hinabgestiegen in das Reich des Todes". *Kerygmatisch* bedeutet die Höllenfahrt: Christus verkündigt seine Botschaft nicht nur Lebenden, sondern auch Gestorbenen. Die ersten Christen fragten sich: Hatten die Menschen vor ihm keine Chance, zum Heil zu kommen? Weil das undenkbar war, dichteten sie den Mythos von Jesu Höllenfahrt: Jesus habe in der Unterwelt den Toten gepredigt, damit auch sie zum Heil gelangen. Auch *poetisch* kann man der Höllenfahrt viel abgewinnen. Wie tröstlich ist das Bild von einem Erlöser, der in jede Hölle hinabsteigt und die Menschen aufsucht am Ort ihrer Qual! Diese Hölle kann auch in uns liegen. Wenn in einer urchristlichen Apokalypse Petrus in die Hölle hinabsteigt und dort die Qualen der Übeltäter sieht, offenbart diese Apokalypse einen Abgrund an moralischem Sadismus in unserem Inneren. Diese Phantasien urchristlicher Frommer sind eine Warnung: Moral wird hier zum Deckmantel ungehemmter Aggression in der Phantasie. Der Mythos von der Höllenfahrt ist *sozial* ein Protest gegen die Höllen, die wir auf Erden anderen Menschen bereiten, in Foltergefängnissen, Vernichtungskammern, Hinrichtungszellen. Aber auch gegen die Höllen des Alltags, gegen

Vergewaltigung, Missbrauch, Misshandlung und Mobbing von Menschen. Es gibt zu viele Höllen auf Erden. Wir müssen in sie hinabsteigen, um die Opfer zu befreien. Aber auch die Folterknechte und Henker brauchen einen Erlöser, mag der Wunsch auch sehr menschlich sein, dass sie die Hölle erleiden, die sie anderen bereiten. Jesus setzt die Existenz einer Hölle mit „Heulen und Zähneklappern" der Verdammten voraus. Gerade deshalb hat die mythenschaffende Poesie des Urchristentums einen humanen Zug, wenn sie Jesus selbst in die Hölle schickt, damit er in ihr Hoffnung verbreitet. Die Höllenfahrt Jesu ist dabei eine besonders drastische Variante des *Distanzmotivs* einer tiefen Entfernung und Entfremdung des Menschen von Gott.

5. Mythische Motive der Postexistenz

Während die Bilder der Präexistenz sagen, dass mit Jesus etwas Neues in die Welt kam, sagen die Bilder seiner Postexistenz: Mit ihm zieht etwas Neues in die Welt Gottes ein. Mit der Auferstehung kehrt er in die Welt zurück, aus der er kam: Als Schöpfungsmittler schuf er alle Dinge, als Erhöhter herrscht er über alle Mächte. Durch Menschwerdung wurde er sichtbar, durch seine Parusie wird er am Ende erneut für alle sichtbar werden. Es handelt sich um Bilder einer mythischen Poesie, die in den Ostervisionen einen „realen" Ausgangspunkt haben.

(1) *Auferstehung*:[83] Der Glaube an die Auferstehung Jesu wird im Neuen Testament doppelt begründet: teils mit einem leeren Grab, teils mit Visionen seiner Anhänger. Die Grablegung Jesu ist gut bezeugt. Josef von Arimathia erhielt von Pilatus die Erlaubnis, die Leiche Jesu vom Kreuz abzunehmen und zu bestatten. Er legte sie in ein Felsengrab, von dem weder das MkEv noch das JohEv sagen, es sei sein eigenes Grab gewesen (Mk 15,46; Joh 19,41). Nach dem Sabbat begegneten drei Frauen

---

[83] G. Theißen, Die Auferstehung Jesu: Osterglaube und Ostermystik, in: Resonanztheologie, 2020, 291–324.

im offenen Grab einem Mann,[84] der ihnen verkündigt, dass Jesus auferstanden ist (Mk 16,1-7). Wohl unabhängig davon gab es Visionserlebnisse, in denen Jesus selbst erschien, teils vor Einzelnen, teils vor den zwölf Jüngern, teils in einer Massenerscheinung vor 500 Anhängern (1Kor 15,3-5). Einige Erscheinungen sind *Auftragserscheinungen* – so vor allem die Erscheinung vor den Zwölfen und vor Paulus, die durch diese Vision den Auftrag zur Mission erhielten, andere sind *Identifikationserscheinungen*, bei denen ein unbekannter Mensch gesehen wird, der erst am Ende mit Jesus identifiziert wird – vor allem bei der Erscheinung vor Maria Magdalena, vor den Emmausjüngern und den Jüngern beim Fischfang. Die Begegnungen am Grab lassen sich als Identifikationserscheinung deuten: Einmal wird der unbekannte Mann mit einem Engel, ein andermal (bei Maria Magdalena in Joh 20,11-18) mit Jesus identifiziert. Dass das Begräbnis Jesu und seine Erscheinungen historisch sind, bestätigt Paulus, jedoch weiß er nichts von einem leeren Grab. Nach seiner Vorstellung vom Leben nach dem Tod zerfällt der Leib, die alte „Hütte", mit dem Tod, so dass der Mensch von Gott einen neuen Leib als himmlische „Hütte" erhält (2Kor 5,1-10). Paulus muss deshalb kein leeres Grab voraussetzen, wenn er die Auferstehung Jesu verkündigt. Jesus konnte nach ihm seinen verwesenden Leib als zerfallende Hütte auf Erden zurücklassen, wenn er in den Himmel aufstieg. Der *reale* Ausgangspunkt des Osterglaubens sind daher nur die Erscheinungen, die in sehr verschiedenen Formen erlebt wurden.[85] Genau das entspricht Erfahrungen von Visionen Verstorbener in der Gegenwart. Derselbe Mensch erscheint in ihnen teils in übermenschlichen Dimensionen, teils in normaler Gestalt, teils in einem Zwielicht zwischen Traum und Realität. Ein leeres Grab

---

[84] Er wird im MkEv nicht Engel genannt, wohl aber in MtEv 28,5, in Lk 24,4 wird er verdoppelt und mit Merkmalen von Engeln dargestellt.
[85] Vgl. G. Theißen, Erleben und Verhalten der ersten Christen, 2007, 150-155.

muss man für die Entstehung des Osterglaubens nicht unbedingt postulieren. Die Überlieferung vom leeren Grab ist wohl aufgrund von Erscheinungen in der Nähe des Grabes entstanden, die so erlebt wurden, als habe Jesus sein Grab verlassen. Eine *kerygmatische* Deutung des Ostergeschehens hat Bultmann in seinem Entmythologisierungsaufsatz vorgelegt, wenn er sagt: *Christus ist in das Wort auferstanden*, mit dem Gott den Menschen anredet. Dieses Wort schafft aus Nichts und rechtfertigt in unbedingter Weise alle, die ihm glauben. Bultmann meinte freilich, dass die Botschaft von der Auferstehung implizit im Kreuz enthalten sei. Wenn man aber den Glauben an die Auferstehung als Glauben an die Macht Gottes interpretiert, aus Nichts schaffen zu können, so ist er ein Glaube an die Überwindung des Kreuzes. Die *poetische* Deutung der Auferstehung führt zu einer zweiten Präzisierung der Auferstehungsdeutung von Bultmann: Christus ist nicht nur in das Wort auferstanden, sondern in den Geist, der den Menschen verwandelt. Glauben ist Mut zum Leben, der mit Christus gekreuzigt wird und aufersteht: Menschen erfahren in ihm den Geist als schöpferische Macht Gottes, die aus Nichts schafft. Die Erfahrung dieser Gegenwart Gottes im Menschen ist eine mystische Erfahrung. Wir finden solch eine Ostermystik in verschiedenen Variationen. Bei Paulus ist sie eine *Schöpfungsmystik*, nach der im Herzen des Menschen das Licht der Schöpfung aufgeht (2Kor 4,6). Im Johannesevangelium ist sie eine *Liebesmystik*, die gewiss ist: „Gott ist die Liebe, und wer in der Liebe bleibt, der bleibt in Gott und Gott in ihm" (1Joh 4,19). Im Thomasevangelium ist sie eine *Erkenntnismystik*: Wenn der Mensch seine innere Identität mit der Gottheit erkennt, erlebt er Ostern. Auch der Osterglaube hat eine soziale Bedeutung – besonders dann, wenn man ihn nicht nur als Entfaltung dessen ansieht, was im Kreuz enthalten ist. Das Kreuz symbolisiert das Unrecht, das Mächtige an denen üben, die keine Macht haben. Mit Kreuzigung bestrafte das Römische Reich Sklaven und Aufrührer. Wenn ein Gekreuzigter als Herrscher und Retter der Welt verkündigt wurde, war das Widerstand gegen die Macht der Herrschenden. Der Glaube an

Kreuz und Auferstehung ist ein Protest gegen Unterdrückung. Schon der Glaube an die Auferstehung überhaupt war solch ein Protest. Er begegnet zuerst in der Zeit des Makkabäeraufstands: Gott wird die Märtyrer, die Opfer einer Fremdherrschaft, wieder auferwecken. Der historische Jesus hat den allgemeinen Auferstehungsglauben geteilt und ihn gegen Einwände der Sadduzäer verteidigt, die ihn als einzige Gruppe im Judentum ablehnten. Insofern hat der Auferstehungsglauben einen Anhalt in der Verkündigung des *historischen Jesus*. Er setzt ihn voraus, wenn er sagt, er werde im Jüngsten Gericht als Zeuge auftreten. Andere Zeugen sind die Niniviten und die Königin des Südens, Zeugen der Vergangenheit, die schon lange verstorben waren und zum Leben auferweckt werden. Der historische Jesus hat aber nur im Rahmen einer solchen allgemeinen Auferstehungserwartung auch von seiner Auferstehung gesprochen. In jedem Fall ist im Auferstehungsglauben ein elementares Grundmotiv des biblischen Glaubens aktiv, das *Schöpfungsmotiv*. Gott ist die Macht, die aus Nichts schaffen kann.

(2) *Himmelfahrt und Erhöhung*: Das lukanische Doppelwerk berichtet, dass die ersten Jünger Jesus in den Himmel auffahren sahen und begründete damit den Mythos von der Himmelfahrt Jesu.[86] Die Jünger teilten die Erwartung Jesu: „Selig sind, die reinen Herzens sind, sie werden Gott sehen". Als sie nach Jerusalem zogen, hofften sie, dass die Gottesherrschaft bald kommt und sie dann Gott sehen würden. Als sie Jesus nach seinem Tod in Visionen in göttlicher Herrlichkeit sahen, war ihre Erwartung erfüllt, Gott zu sehen, nur, dass Jesus an seine Stelle getreten war. Sie deuteten Ps 110,1 im Lichte dieser Erfahrung. Gott selbst sagt hier zu Jesus: „Setze dich zu meiner Rechten, bis dass ich deine Feinde dir zu Füßen lege". Himmelfahrt und

---

[86] Das Neue Testament erzählt nur von wenigen Vorgängen im Himmel. Einmal sah Jesus den Satan wie einen Blitz vom Himmel stürzen (Lk 10,18). Jesus zog an seiner Stelle in den Himmel. Gott erhielt dadurch ein menschliches Gesicht.

Erhöhung bedeuten *kerygmatisch*, dass Jesus den Willen Gottes im Himmel und auf Erden durchsetzt. Das bedeutet: Alle Mächte und Gewalten werden ihm unterworfen, auch die vermeintlichen Götter des Krieges und des Friedens, der Liebe und des Zornes, des Wachstums und des Geldes, der Seefahrt und der Räuberei. Alles, was in der Welt Macht hat, soll sich dem einen und einzigen Gott unterordnen. Jesus verwirklicht so, dass Gott alles in allem sein wird. Himmelfahrt bedeutet *poetisch* verstanden: Menschen müssen den abwesenden Jesus auf Erden vertreten. Die Jünger fragen Jesus beim Abschied:

> Herr, wirst du in dieser Zeit wieder aufrichten das Reich für Israel? Er sprach aber zu ihnen: Es gebührt euch nicht, Zeit oder Stunde zu wissen, die der Vater in seiner Macht bestimmt hat; aber ihr werdet die Kraft des Heiligen Geistes empfangen, der auf euch kommen wird, und werdet meine Zeugen sein in Jerusalem und in ganz Judäa und Samarien und bis an das Ende der Erde. (Apg 1,6-8).

Die Pointe ist: Wenn das Reich Gottes in dieser Zeit nicht kommt, kommt an seiner Stelle der Geist, der dazu befähig, die Stelle Jesu auf Erden zu vertreten. Die Jünger sollen seine Zeugen sein – nicht nur durch ihren Glauben und ihre Lehre, sondern durch ihr Leben und Handeln. Himmelfahrt setzt alle Menschen, die vom Geist motiviert werden, zu Stellvertretern Jesu auf Erden ein. Die *soziale* Deutung sagt: Diese Himmelfahrt ist ein Gegenbild zu den Kaisern, von denen man sagte, sie seien nach ihrem Tod in den Himmel aufgefahren. Jemand musste bezeugen, dass er bei der Leichenverbrennung den Geist des verstorbenen Kaisers in Rauchschwaden zum Himmel hatte auffahren sehen. Nur verfemte Kaiser verfielen der *damnatio memoriae* und wurden in die Unterwelt geschickt. Mit Jesus stieg aber kein Herrscher in den Himmel, sondern jemand, den die Römer als Verbrecher verurteilt hatten. Alle Vorstellungen von Ehre und Schande wurden damit auf den Kopf gestellt. Für die Erwartung einer Himmelfahrt gibt es in der Verkündigung des *historischen Jesus* keinen direkten Anhaltspunkt. „Himmelfahrt" und Erhöhung Jesu sind aber Varianten eines allgemeinen *Positionswechselmotivs*, das für den historischen Jesus gut bezeugt ist: Der Erste wird der Letzte sein, der Letzte der Erste. Ein Gekreuzigter wird über alle Mächte im Himmel erhöht.

(3) *Parusie*: Die ersten Christen glaubten, dass Jesus wiederkehrt. Der Mythos von seiner Parusie setzt die allgemeine Erfahrung voraus: Herrschaft ist nicht überall präsent, sondern wird erst wirksam, wenn der Herrscher vor Ort erscheint. Das ist sein Advent, seine Parusie oder seine „Anwesenheit". Entsprechend glaubten auch die ersten Christen an die Parusie Christi. Verborgen herrscht er schon im Himmel. Sein Herrschaftsgebiet aber war Himmel *und* Erde. Am Ende wird er aus seiner Verborgenheit sichtbar und universal hervortreten. Die Apokalypse im Mk-Evangelium deutet in Mk 13,24–27 die Parusie *kerygmatisch* als eine neue Schöpfung. Himmel und Erde werden vergehen. Die Sonne wird ihren Schein verlieren, der Mond sich verfinstern, die Sterne werden erlöschen. Finsternis werde herrschen wie beim Schöpfungstag. Dann wird als einziges Licht Jesus als Menschensohn sichtbar werden. Diese Parusie Jesu ist gleichzeitig die Parusie Gottes als Schöpfer. Wenn alles vorbei ist und der Kosmos vergangen ist, wird das Licht, das in Jesus aufgegangen ist, noch immer leuchten als das Licht dessen, der das Nichts ins Sein ruft. Jesus wird in ihm aufgegangen sein. Gott wird alles in allem sein. Die *poetische* Deutung der Parusie setzt voraus, dass Gott abwesend ist, aber jederzeit aus seiner Verborgenheit hervortreten kann, da er allgegenwärtig ist. Daher kann das Johannesevangelium die Parusie als ein gegenwärtiges Geschehen deuten: Gott zieht schon hier und jetzt in die Herzen der Menschen ein (Joh 14,23). In Gestalt des Heiligen Geistes ist er in ihrem Leben präsent. Parusie-Erwartung wird dadurch in Christusmystik transformiert. Auch eine *soziale* Deutung der Parusieerwartung liegt nahe. Die Gemeinde ist in ihrer irdischen Existenz die sichtbare Parusie Christi. Sie ist sein Leib. Die ersten Christen verstanden ihre Gemeinschaft als dessen Verkörperung. Sie wollten in ihr eine

tiefe Verbundenheit erleben wie Glieder eines Leibes, aber zugleich nach außen hin dadurch attraktiv sein: Wer in ihre Gemeindeversammlungen kam, sollte zur Erkenntnis kommen: In euch ist Gott anwesend (1Kor 14,25). Die Parusieerwartung hat auch einen Anhalt im *Leben Jesu*, insofern Jesus mit der Parusie eines „Menschensohns" gerechnet hat. Er sprach von sich selbst als „Menschensohn". Auch wenn er es Gott überlassen hat, seinen Status zu bestimmen, war er ein Kandidat dafür, die Stelle des zukünftigen Menschensohns einzunehmen. Entscheidend war: Der Menschensohn wird im Gericht die Menschen nach denselben Maßstäben beurteilen, die der Menschensohn auf Erden gelehrt hat. Insgesamt ist die Parusieerwartung eine futurische Variante des *Erscheinungsmotivs*: Gott wird einmal aus der Verborgenheit seiner Transzendenz heraustreten und sichtbar werden.

(4) *Gericht*: Die ersten Christen erwarteten das Gericht Gottes. Einige glaubten, dass alle Menschen auferstehen und gerichtet werden, andere, dass nur gerechte Menschen auferstehen, während die Gottlosen im Tode bleiben. Das wäre ein Gericht ohne Vernichtungsurteil. Aber durchgehend finden wir die Überzeugung, dass sich alle Menschen jederzeit vor Gott verantworten müssen. Nach der *kerygmatischen* Deutung des Gerichts hat der Glaube an Christus die Vorstellung vom Gericht verwandelt: Jesus steigt zum Richter über alle Menschen auf. Weil er von nun an im Himmel präsent ist, wirkt Jesus als Fürsprecher der Menschen im Gericht: Es gibt keinen Ankläger mehr, keinen verurteilenden Richter, keine Verdammung (Röm 8,31–39). Weil Jesus in den Himmel einzog, erhält Gott ein menschliches Gesicht. Seine Dunkelheit löst sich auf. Die Rechtfertigung des Sünders allein aufgrund von Glauben basiert auf dieser Botschaft. Eine *poetische* Deutung des Gerichts knüpft daran an, dass das Gericht Gottes im Gewissen des Menschen eine Entsprechung hat. Durch Einzug eines Fürsprechers ins Gericht werden die Glaubenden von der Macht des strafenden Gewissens befreit. Es gibt nur noch die Liebe Gottes. Vor-

stellungen vom Gericht haben auch eine große *soziale* Bedeutung. Aber sie sind nicht eindeutig: Endet das große Weltgericht mit einer definitiven Trennung von Guten und Bösen wie im Gericht des Menschensohns in Mt 25,31–46? Oder endet es damit, dass alle Toten und Lebendigen dem Erhöhten huldigen und gerettet werden wie vielleicht im Philipperhymnus (Phil 2,9–11)? Steht am Ende eine Allversöhnung? Die Einstellung der Glaubenden zu anderen Menschen wird sehr verschieden sein – je nachdem, ob sie mit einer Erlösung aller rechnen oder mit der Verdammung einiger. Die Bilder vom Jüngsten Gericht sind Aktualisierung des Gerichtsmotivs: Jeder Mensch muss sich jederzeit vor Gott verantworten. Aber wenn er Gott vertraut, darf er auf Freispruch hoffen, selbst wenn er Schuld auf sich geladen hat. Das Grundmotiv der *Rechtfertigung* durch Glauben verändert hier grundlegend das Verhältnis zu Gott. Als Zuspruch der Sündenvergebung und Zuwendung zu Außenseitern und Verachteten hat dieses Motiv einen Anhalt *im historischen Jesus*.

6. Christusverständnis heute: Christologie als Form religiöser Erfahrung

Wir betrachten noch einmal zusammenfassend das Verhältnis von historischem Jesus, Christusmythos und moderner Mentalität. Heute ist eine säkulare Mentalität unser Gemeinschaftsraum geworden. Es ist ein geschlossener Raum. Doch der Christusmythos öffnet ihn. Schon in der Antike überschritt er Grenzen. Damals waren Erde und Himmel näher. Heute sind sie tief getrennt. Religionskritik argwöhnt, dass hinter der Grenze nichts liegt. Die Dialektische Theologie verstärkte deshalb im Christusmythos die von außen diese Grenze überschreitende Kraft, so dass die Offenbarung den Durchbruch schafft. Sie muss in einen geschlossenen Raum „einbrechen". Sie hat damit etwas Richtiges gesehen. Erst wenn wir durch Risse in den Wänden unseren Gemeinschaftsraum verlassen, werden wir in der Dunkelheit draußen mit dem Ganzen der Wirklichkeit konfrontiert. Angesichts ihrer unendlichen Tiefe und umfassenden Totalität sind wir darauf angewiesen, dass sie an einer Stelle konkret wird. Sonst sehen wir in dieser Dunkelheit nichts. Diese Stelle ist die Verbindung von irdischem Jesus und Christusmythos. Auch als poetische Dichtung besitzt er eine große Ausstrahlungskraft. Er erinnert an Risse im geschlossenen Raum säkularer Mentalität. Die mit Christus verbundenen mythischen Motive sind Fenster, in denen ein Licht aufleuchtet und Gottes Unendlichkeit und das Ganze der Wirklichkeit transparent werden.

Das zeigt sich in vielen Parallelen zwischen mythischen Christusbildern und dem irdischen Wirken Jesu. Der Mythos von Geistzeugung und wunderbarer Geburt bezeugt: Gott wird Mensch. Ihm entsprechen in der Verkündigung Jesu die menschlichen Züge Gottes als Vater, der sich für seine verlorenen Kinder einsetzt. Im Mythos zeigt Gott seine Liebe dadurch, dass er die Grenze zu den Menschen überschreitet. Ihm entspricht der irdische Jesus, der Nächstenliebe lehrt und die Grenzen zu Außenseitern, Fremden und Feinden überwindet. Im Mythos verzichtet Jesus auf seine göttliche Macht und nimmt freiwillig den Tod auf sich. In seinem Leben wählte Jesus freiwillig die Rolle des Außenseiters und wurde Opfer politischer Konflikte, als er von Vertretern der Staatsmacht gekreuzigt wurde. Im Mythos leidet der menschgewordene Gott unter dem Fluch des Gesetzes am Kreuz, um es zu überwinden, damit alle Menschen Zugang zu Gott finden. In seiner Verkündigung legte Jesus das Gesetz human für Mühselige und Beladene aus. Der Sieg Christi über den Satan zeigt sich in historischen Exorzismen, sein Sieg über die Sünde im Mythos vom stellvertretenden Tod. Man mag noch so viel entmythologisieren, die Verbindung von Mythos und Geschichte hat eine große poetische Ausstrahlungskraft. Hier kommt ein Antiselektionismus zum Durchbruch, durch den sich der Mensch gegenüber der biologischen Evolution emanzipiert. Der Mensch kann durch sein Handeln die Härte des Selektionsprinzips unterlaufen, das sagt: Die Stärkeren werden sich durchsetzen. Jesus aber sagt: „Selig sind die Sanftmütigen, denn sie werden das Erdreich besitzen" (Mt 5,5) Neben Entsprechungen zwischen historischem Jesus und Christusmythos gibt es unüberwindbare Spannungen. Der irdische Jesus lehnt für sich das Prädikat „gut" ab, weil Gott alleine gut ist (Mk 10,18). Er lässt sich als Sünder taufen. Er kündigt einen zukünftigen Menschensohn als Richter an, auch wenn er sich selbst Menschensohn nennt und sich auf eine Stufe mit diesem Richter stellt. Der historische Jesus versteht sich als Gesandter Gottes, aber schreibt sich keine präexistente Ewigkeit zu. Der Mythos transzendiert die Geschichte.

Will man dieses Gewebe aus mythischen Motiven und historischer Erinnerung als Einheit verstehen, so entdeckt man, dass in ihm Grundmotive wiederkehren, die uns ansprechen: das Motiv der Ewigkeit, Schöpfung, Inkarnation, Statuskontingenz, Erscheinung, Wunder, Distanz, Stellvertretung, Positionswechsel und Rechtfertigung. Sie begegnen beim historischen Jesus und im Judentum vor ihm. Manche von ihnen bestimmen noch heute unser Denken. In ihnen finden wir den Schlüssel zur Einheit von historischem Jesus und Christusmythos. Denn sie bieten bis heute Formeln und Motive, um religiöse Erfahrung zu verstehen.

Das Bild von Gott ist vom *Ewigkeitsmotiv* bestimmt. Gott ist ewig, der Mensch sterblich. Gott bleibt der Gott der Verstorbenen, die in der Beziehung zu ihm weiterhin leben. Deshalb spricht ein Jesuswort vom Gott Abrahams, Isaaks und Jakobs nicht als einem Gott von Toten, sondern von Lebenden (Mk 12,26f.). Sobald Christus selbst als göttlich gilt, wird auch ihm Ewigkeit zugeschrieben werden. Der Glaube an die Ewigkeit verbindet den historischen Jesus mit dem Christusmythos.

Im Glauben, dass Gott den Menschen nach seinem Tod neu schaffen kann, wird das *Schöpfungsmotiv* aktiviert. Schöpfung geschieht in jedem Augenblick im Wunder der Existenz, im Wachsen der Pflanzen, im Leben der Geschöpfe, auch im Mut zum Leben. Jesus mahnt, nicht die zu fürchten, die den Leib töten, sondern allein Gott, der Macht hat, in die Hölle zu werfen (Lk 12,4f.). Er kann aus Nichts schaffen. Im Glauben, dass der auferstandene Christus aus dem Nichts neu geschaffen wurde, wurde der Glaube, der sich mit ihm identifiziert, Glaube an eine Schöpfung aus dem Nichts.

Das *Inkarnationsmotiv* begegnet in vielen Formen: Gottes Gegenwart verkörpert sich in seinem Volk, im Tempel und seinen Repräsentanten. Die Kirche verkörpert den „Leib Christi". Ein Jesuswort zielt auf eine Hingabe an Gott mit dem ganzen Leib: „Das Auge ist das Licht des Leibes. Wenn dein Auge lauter ist, so wird dein ganzer Leib licht sein" (Mt 6,22). Jeder Mensch soll Inkarnation des Lichtes sein. Die Menschwerdung Gottes symbolisiert die Verkörperung des Lichtes. Jeder Mensch soll ein „Tempel" der Gegenwart Gottes werden.

Das *Distanzmotiv* zeigt das Gegenteil. In den Bildern vom Satan ist Gott fern. Deswegen ist die Überwindung dieser Distanz ein Wunder. Schon ein Wort des irdischen Jesus vertritt die Überzeugung, dass der Satan besiegt ist: „Wie kann der Satan den Satan austreiben? Wenn ein Reich mit sich selbst uneins wird, kann es nicht bestehen" (Mk 3,24). Im Mythos sucht der Erlöser selbst die Hölle auf und schafft Gewissheit: Auch die Verdammten sind nicht ewig verdammt.

Das *Motiv der Statuskontingenz* sagt: Keiner kann sich seinen Status selbst beilegen, er wird ihm von anderen zuerkannt. Meist wird Status von Überlegenen verliehen. Nicht Jesus kann seinen Jüngern ihren Status geben. Denn „zu sitzen aber zu meiner Rechten oder zu meiner Linken, das zu geben steht mir nicht zu, sondern das wird denen zuteil, für die es bestimmt ist." (Mk 10,40). Im Christusmythos ist der endgültige Status des Erhöhten allein Gottes Tat aufgrund der Überwindung des Todes durch Gott. Statuskontingenz ist ein durchgehendes Motiv des urchristlichen Denkens.

Das *Positionswechselmotiv* hat eine andere Zielrichtung. Jeder, der einen hohen Status hat, soll bereit sein, auf ihn zu verzichten. In diesem Sinne mahnt Jesus seine Jünger: „Wer groß sein will unter euch, der soll euer Diener sein; und wer unter euch der Erste sein will, der soll aller Knecht sein. Wer der Erste sein will, soll bereit sein, der Letzte zu werden" (Mk 10,43f). Auch im Christusmythos wirkt dieses Motiv des Positionswechsels. Er strukturiert das Geschehen im Philipperhymnus: Christus erniedrigt sich selbst und wird deswegen über alle Namen erhöht (Phil 2,5–11).

Das *Rechtfertigungsmotiv* verändert die Erwartung des Gerichts. Der Mensch ist vor Gott schuldig. Seine Gerechtigkeit (oder die Legitimation seines Daseins) ist so unbegründbar wie das Wunder des Seins. Es ist Geschenk und reine Gnade. Vorausgesetzt ist die Bitte um diese Gnade. Das Gleichnis vom Zöllner und Pharisäer stellt sie anschaulich dar. Der Pharisäer ist stolz auf seine Gebotserfüllung, der Zöllner aber sagt: „Gott, sei mir Sünder gnädig!" Jesus stellt fest: Der Zöllner wurde gerechtfertigt (Lk 18,13f.). Paulus entwirft ein Bild von einem umfassenden mythischen Gericht Gottes, in dem jedem, der sich als Sünder bekennt, Heil zugesprochen wird.

Die Beispiele sollen zeigen: Wir erkennen in mythischen, geschichtlichen und poetischen Erzählungen dieselben Grundmotive. Diese Grundmotive verbinden die Überlieferungen vom historischen Jesus und vom mythischen Christus. Sie schaffen Kontinuität und bilden den „Geist" der Bibel. In diesem Geist ist der irdische Jesus in seiner Verbindung mit dem mythischen Christus weiterhin in den Herzen der Glaubenden gegenwärtig.

Aber ist auf dem Weg von der Bibel zur Kirche nicht allzu viel davon verloren gegangen? Finden wir auch eine Kontinuität zwischen neutestamentlichen Aussagen von Christus und dem christologischen Dogma der Kirche? Oder haben die Theologen der Alten Kirche in ihrer Christologie eine allgemein gültige Formel für die Struktur religiöser Erfahrung gefunden.[87]

---

[87] G. Theißen, Das Dogma von Jesus: Christologie als religiöse Dichtung (dän. 2017), in: Resonanztheologie, 2020, 341–360.

Wir haben gesehen: In Christus kommen zwei Transformationen zusammen: Gott wird ein Mensch, ein Mensch wird Gott. Daher können wir Bilder von ihm kerygmatisch von oben und poetisch von unten lesen. Beide bilden eine Einheit. Das Konzil von Chalkedon (451 n.chr.)[88] beschrieb diese Einheit als Verbindung von zwei Naturen mit vier Adjektiven: Gott werde in Christus „unvermischt und unverwandelt, ungetrennt und ungesondert" erkennbar. Diese Formel wurde oft kritisiert. Sie sei politisch das Ergebnis eines Machtkampfes, theologisch Resignation angesichts der unlösbaren Aufgabe, beide Naturen zusammenzudenken, philosophisch ohnehin unhaltbar. Man habe sich in Chalkedon damit begnügt, zwei Extreme auszuschließen, einerseits die Verschmelzung beider Naturen bei den Monophysiten (die man grammatisch korrekt eigentlich Miaphysiten nennen müsste), andererseits ihre Trennung bei den sog. Nestorianern. Die Monophysiten aus Alexandrien sagten. Die göttliche Natur sauge in Christus die menschliche Natur auf, so dass sich beide Naturen entweder in Jesus vermischen oder ineinander verwandeln.[89] Dagegen stellt die Formel von Chalkedon fest: Beide bleiben unvermischt (*asygchýtōs*) und unverwandelt (*atréptōs*). Dieser Abgrenzung gegen eine Verschmelzung beider Naturen entsprach eine Abgrenzung gegen ihre Trennung. Gegen die Nestorianer in Antiochien hielt die Formel fest: Beide Naturen sind ungeteilt (*adiairétōs*) und ungetrennt (*achōrístōs*). Wichtig ist, dass die Formel von Chalkedon nicht nur bestimmt, wie sich die beiden Naturen in Christus verbunden haben, sondern wie Christus dadurch *erkannt* werden kann. Daran knüpft meine These an: Die Zwei-

---

[88] Zum Konzil von Chalkedon 451 n.Chr. vgl. A.M. Ritter, Dogma und Lehre der Alten Kirche, in: Handbuch der Dogmen- und Theologiegeschichte Bd. 1, ²1999, 261–270: „§ 6: Das Konzil von Chalkedon".
[89] Nach Apollinaris von Laodizea (350–390) war Christus „Gott im Fleisch". E. Mühlenberg, Art. Apollinaris, TRE 3 (1978) 362–371. Eutyches (378–454) lehrte, dass Jesus nach der Menschwerdung Christi nur noch eine göttliche Natur besessen habe. L.R. Wickham, Eutyches/Eutychianischer Streit, TRE 10 (1982) 558–565.

Naturen-Lehre ist eine zutreffende Formel für die Struktur jeder religiösen Erfahrung. Sie will beschreiben, wie Christus *erkannt* wird. Was aber ist die Struktur religiöser Erfahrung? Der Philosoph und Politologe W. Leidhold bestimmt sie als eine Spannung von Anwesenheit und Abwesenheit Gottes.[90] Gott wird in einem konkreten Stück der sinnlich zugänglichen Welt intensiv erfahren und ist insofern anwesend. Aber da sich der Ursprung dieser Erfahrung uns entzieht, ist Gott zugleich abwesend. Nur wenn beides wahrgenommen wird, Präsenz und Abwesenheit Gottes, entsteht religiöse Erfahrung. Wird nur seine Anwesenheit wahrgenommen, wird Endliches z.B. durch Verklärung der Natur oder der Nation verabsolutiert. Wird nur seine Abwesenheit registriert, wird Gott geleugnet, weil man seine Spuren in unserer Lebenswelt nicht wahrnehmen will. Ergebnis ist ein Agnostizismus oder Atheismus. Religiöse Erfahrung aber ist beides zugleich, die Wahrnehmung einer „präsenten Abwesenheit" oder „abwesenden Präsenz" des Göttlichen. Diese Struktur religiöser Erfahrung habe ich mit meinen Worten so beschrieben:[91]

> Erfahrung ist Kontakt mit der Wirklichkeit. Wir spüren sie als Widerstand. Aber während in aller Erfahrung ihr Ursprung erkennbar ist, entzieht er sich in der Religion. Paulus sagt deshalb von Gott: „Sein unsichtbares Wesen wird aus seinen Werken gesehen" (Röm 1,20). Sichtbar ist nur, dass er unsichtbar ist. Wenn ein zweidimensionales Wesen, das in alle Richtungen der Fläche schauen kann, senkrecht vom Licht getroffen wird, spürt es das Licht, kann aber die Quelle nicht sehen. So ist auch religiöse Erfahrung: Gott ist präsent und doch abwesend. Er ist abwesende Präsenz. Wer nur das präsente Licht erkennt, verendlicht Gott. Wer die abwesende Quelle bestreitet, leugnet Gott. Wer sich beidem öffnet, begegnet Gott.

Dieses Bild lässt sich weiter entfalten. Angenommen, wir wären zweidimensionale, auf Papier gezeichnete Lebewesen. Das

---

[90] W. Leidhold, Gottes Gegenwart. Zur Logik religiöser Erfahrung, 2008.
[91] G. Theißen, Glaubenssätze, Nr. 15.

Papier wird von einer Lampe erhellt. Da wir als zweidimensionale Wesen mit Wahrnehmungsorganen in zwei Richtungen nur nach links und rechts, oben und unten sehen können, spüren wir den Schein der Lampe als intensive Wärme, können aber ihren Ursprung nicht identifizieren. Dieses Bild illustriert drei Unterscheidungen.

Die erste sagt: Das Licht wirkt in zweifacher Weise. Das Papier wird entweder hell und warm oder es geht in Flammen auf. Entsprechend gibt es zwei Formen religiöser Erfahrung: Einmal wird die Alltagswelt transparent für etwas Ganz Anderes. Wir erleben einen schönen Sonnenaufgang und spüren in ihm die Gnade Gottes. Manchmal aber geht durch die Alltagswelt ein Riss. In der Konfrontation mit dem Tod werden wir mit einem Nichts konfrontiert, das in unsere Alltagswelt einbricht.[92]

Ferner können wir Erfahrung und Deutung unterscheiden. Zweidimensionale Lebewesen deuten die Wärme als Ereignis in zwei Dimensionen. Wenn aber unter ihnen ein Genie wie Einstein ist, der weitere Dimensionen postuliert, ohne sie anschaulich machen zu können, erleben sie die Wärme als Auswirkung eines unbekannten Faktors. Möglich wird das nur durch Deutungen. Erfahrungen sind immer gedeutete Erfahrungen.

Eine dritte Differenzierung sagt: Einige zweidimensionale Lebewesen ahnen, dass es noch eine vierte Dimension, die Zeit, gibt. Sie können die Polaritäten und Spannungen auflösen. In der biblischen Religion werden sie oft dadurch gelöst, dass sie sich in Zeit und Geschichte verändern: Wo Gott dem Menschen begegnet, fordert er Bekehrung und Umkehr. Seine Präsenz in der Welt ist Veränderungspräsenz. Nach dem Neuen Testament wird in Christus eine universalgeschichtliche Änderung sichtbar: Der Mensch wird zum Freigelassenen der Schöpfung, weil er sich vom Selektionsprinzip emanzipieren kann. Das ge-

---

[92] Beide Formen religiöser Erfahrung kann man als moderat- und extremreligiöse Erfahrung unterscheiden. Vgl. G. Theißen, Erleben und Verhalten der ersten Christen, 2007, 66–68.

schieht in allen Kulturen und Religionen. Überall gilt: Der Schwache soll nicht zugrunde gehen, sondern unterstützt werden, der Verlorene nicht aufgegeben, sondern gesucht werden. In der biblischen Tradition aber wird dieser Prozess sichtbarer als anderswo: Israel betritt die Weltgeschichte mit der triumphierenden Nachricht des Pharaos Merenptah, es sei vernichtet.[93] Aber dieses der Vernichtung ausgesetzte Volk wurde zum Träger der Botschaft, es sei besser aus der Sklaverei auszuziehen, als in ihr zugrunde zu gehen, besser umzukehren, anstatt vernichtet zu werden.

Am Beispiel Christi können wir lernen, was religiöse Erfahrung überhaupt ist: In einer irdischen Gestalt ist der unsichtbare Gott präsent und zugleich abwesend. Christus ist darin das „Ebenbild" Gottes. Er macht Gott erfahrbar. Das Johannesevangelium bringt das auf den Nenner: Wer mich sieht, sieht den Vater (Joh 14,9). Gleichzeitig entzieht sich Gott, wenn Jesus am Kreuz aufschreit: „Mein Gott, mein Gott, warum hast du mich verlassen?" (Mk 15,34). Dieser Christus ist Modell für jeden Menschen. Alle sind dazu bestimmt, Ebenbild Gottes zu werden. Alle sollen durch Gottes Geist in dieses Ebenbild verwandelt werden. In allen kann Gott sich offenbaren und entziehen. Diese Struktur religiöser Erfahrung als paradoxe Anwesenheit und Abwesenheit des Göttlichen im Konkreten findet sich in allen Religionen. Für den interreligiösen Dialog wäre es ein Fortschritt, wenn wir in den religiösen Aussagen und Bildern der eigenen Religion Tiefenstrukturen entdecken, die wir auch in anderen Religionen wiederfinden. Gewiss sind das sehr abstrakte Kategorien. Mit ihnen kann man keine Universalreligion bauen, wohl aber das Verständnis zwischen den Religionen fördern.

---

[93] In der Stele des Pharaos Merenptah ca. 1209 v.Chr., in der eine besiegte Volksgruppe Israel erwähnt wird. Sie habe keinen „Samen" mehr. Damit könnte die Vernichtung der Saat gemeint sein, wahrscheinlich aber auch seiner „Nachkommen". In jedem Fall triumphiert dieser Pharao darüber, dass dieses Israel keine Lebenschancen mehr hat. Zur Stele vgl. G. Galling, Textbuch zur Geschichte Israels, 1968, Nr. 15, 39f.

V. Das Geistverständnis

Für Bultmann war die neutestamentliche Rede vom „Geist" mythologisch und pathologisch. Der moderne Mensch verstehe sich als „einheitliches Wesen, das sich selbst sein Empfinden, sein Denken und Wollen zuschreibt. ... Er schreibt sich die innere Einheit seiner Zustände und Handlungen zu und nennt einen Menschen, der diese Einheit durch den Eingriff dämonischer oder göttlicher Mächte gespalten wähnt, schizophren."[94] Doch modernes Selbstverständnis ist auch dadurch geprägt, dass die Psychoanalyse Tiefendimensionen des Unbewussten und die historische Psychologie die geschichtliche Relativität unseres Selbstbewusstsein erkannt hat. Durch die Psychoanalyse musste der Mensch lernen, dass er „nicht einmal Herr ist im eigenen Hause, sondern auf kärgliche Nachrichten angewiesen bleibt von dem, was unbewusst in seinem Seelenleben vorgeht"[95], durch die historische Psychologie, dass der „autonome Mensch" geschichtlich geworden ist. Am Anfang der Antike erlebte sich der Mensch als Pluralität von Seelenkräften. Früh setzte eine Zentralisierungstendenz ein: Der Mensch wurde durch ein entweder im Herzen oder im Kopf lokalisiertes Zentrum gelenkt, Außensteuerung wurde durch Innensteuerung ersetzt.[96] Erst in Griechenland im 6. Jh. v.Chr.[97] entstand ein einheitliches Ich, das sich seiner Einheit bewusst ist.

---

[94] R. Bultmann, Neues Testament und Mythologie, 31f.
[95] S. Freud, Vorlesungen zur Einführung in die Psychoanalyse (1916/7), in: Studienausgabe I, 1969, 283f.
[96] Israel und Ägypten sind „Kulturen des Herzens": So J. Assmann, zur Geschichte des Herzens im Alten Ägypten, in: J. Assmann (Hg.), Die Erfindung des inneren Menschen, 1993, 81–113, S. 82.
[97] B. Gladigow, Bilanzierungen des Lebens über den Tod hinaus, in: J. Assmann/R. Trauzettel (Hg.), Tod, Jenseits und Identität, 2002, 90–109, dort 94f.

Etwa zur gleichen Zeit bewirkte in Israel das Gebot: „Du sollst den Herrn, deinen Gott, lieben von ganzem Herzen, von ganzer Seele und mit aller deiner Kraft" (Dtn 6,4) eine Vereinheitlichung aller Kräfte im Menschen. Gott wurde das externe Zentrum des Menschen, das Herz sein inneres Zentrum. Doch überfordert es den Menschen, sein Leben ganz am Willen Gottes auszurichten. Daraus entstand die Sehnsucht nach einem neuen Menschen, der den Willen Gottes als sein Ebenbild wirklich erfüllt.

Die Zentrierung der Person geschah in Israel durch Ausrichtung aller Seelenkräfte auf Gott, in Griechenland durch deren Unterordnung unter die Vernunft, die in der ganzen Realität zeitlose Gesetze und Strukturen entdeckte. Ihr Weltbild war statisch, dynamisch nur in einer Gegenströmung: Für Heraklit war alles im Fluss. Die biblische Sicht war dagegen dynamisch: Gott lenkt alles Geschehen zu seinem Ziel, statisch war als Gegenströmung nur die Weisheit, die zeitlose Regeln formulierte. Sie entsprach als *sophía* der *philosophía* Griechenlands.

Als sich griechische und israelitische Kultur im Hellenismus begegneten, steigerte Israel seine Zukunftsorientierung durch die Erwartung des Weltendes: Weil fremde Reiche über Israel herrschten, entstand die Utopie vom Reich Gottes, das sich durch Sieg über die Fremden durchsetzt. Jesus entwickelte in dieser Tradition seine Vision vom Reich Gottes. Charakteristisch für sie sind vier Merkmale:

- *Das Reich Gottes beginnt in der Gegenwart.* Es wächst im Verborgenen schon jetzt, wie der verborgene Same zur Pflanze wird.
- *Es kommt ohne militärischen Sieg.* Die Feinde werden durch demonstrative Gewaltlosigkeit überwunden.
- *Es öffnet sich für fremde Völker.* Alle werden hineinströmen und zusammen mit den Vätern Israels feiern.
- *Es bringt im Inneren die Armen und Schwachen zur Geltung.* Denen, die keine Macht haben, wird das Reich gehören.

Doch das Reich Gottes kam nicht. Schon Jesus musste eine „Parusieverzögerung" verarbeiten. Er deutete sie kreativ als Ausdruck der Gnade Gottes, die dem Menschen eine neue Chance gibt. Die Parusieverzögerung wurde später von seinen An-hängern auch im Symbol des Kreuzes und der Auferstehung verarbeitet. Denn Jesus war mit seinen Jüngern in der Erwartung des Reiches Gottes nach Jerusalem gezogen. Mit seiner Kreuzigung scheiterte diese Hoffnung, wurde aber aufgrund seiner Auferstehung in verschiedener Weise erneuert: Nach Paulus beginnt die neue Welt damit, dass Christen mit Christus sterben und ein neues Leben beginnen. Nach dem Johannesevangelium geschieht im Glauben an Christus schon jetzt das Gericht. Im lukanischen Doppelwerk ist Jesus die Erfüllung der bisherigen Geschichte, dem eine Zeit folgt, in der Gottes Geist in der Kirche wirkt. Nach dem Hebräerbrief hat Jesus den Himmel als zeitlos existierenden Raum geöffnet. In der modernen Zeit brachte der katholische Neutestamentler A. Loisy die Parusieverzögerung 1902 auf die Formel: „Jesus hat das Reich Gottes verkündet; gekommen ist die Kirche". Das war positiv gemeint. Loisy war, als er das schrieb, noch nicht wegen seiner historisch-kritischen Haltung exkommuniziert worden.[98] Wir korrigieren seine Formel nur minimal: Jesus hat das Reich Gottes verkündigt, aber gekommen ist der Geist. Er hat die Jünger zur Gründung der Kirche motiviert, zielt aber auf eine Gemeinschaft über die Grenzen der Kirche hinaus und ist gegenüber der Kirche eine kritische Kraft.

Der Geist wirkt nämlich nach der Bibel *universal*. Gott hat durch ihn die Welt und den Menschen geschaffen (Gen 1,2; 2,9) und wird ihn am Ende der Zeit auf alles Fleisch ausgießen (Joel 3,1). Er schützt Israel in Befreiungskriegen vor Unfreiheit, verschafft den Armen in ihr Recht als „Geist der Weisheit und der Einsicht" des Königs (Jes 11,1–5), wirkt aber auch in den Ältesten und im ganzen Volk (Num 11). Wenn das Alte Testament

---

[98] Dieses berühmte Zitat stammt aus A. Loisy, L'Évangile et l'Église, 1902. Loisy wurde 1908 exkommuniziert.

die Bibel des Judentums ist, folgt daraus: Auch in dieser Religion wirkt der Geist. Im Neuen Testament überwindet er Pfingsten die Grenzen von Sprachen und Kulturen (Apg 2,2f). Paulus hört sein „Seufzen" in allen unerlösten Kreaturen – als Sehnsucht nach Freiheit auch in Nichtchristen (Röm 8,22f).

Halten wir fest: Israel hat die Geschichte als Ort von Veränderungen entdeckt und zur Hoffnung auf eschatologische Veränderungen radikalisiert. Jesus transformierte diese Erwartung, indem er verkündigte: Das Reich Gottes kommt schon jetzt. Nach seinem Tod verwandelte sich diese Hoffnung in den Glauben an den Heiligen Geist. Der Geist ersetzte die ausgebliebene Parusie. Diese dynamische Geschichtssicht verstehen wir als eine poetische Dichtung, die in Bildern Wahrheit erfasst.[99] Denn dynamisch ist auch unsere Sicht der Welt, die sagt: Alles in der Welt passt sich durch *trial and error* an Grundbedingungen der Wirklichkeit in drei evolutionären Schritten an: durch Entstehung des Lebens, der Kultur und der großen Religionen.

Der erste Schritt war die Entstehung des Lebens. Leben suspendiert in offenen Systemen das *Entropieprinzip* und entwickelt sich durch Mutation und *Selektion* bis zum *Homo sapiens*. Der Preis dafür ist der Tod. Die biblische Erzählung von Schöpfung und Fall beschreibt in mythischer Poesie die Entstehung des Lebens, das Bewusstwerden des Todes und die Entstehung des Lebens durch den Geist Gottes.

Der zweite Schritt war die Entstehung der Kultur. Kultur suspendiert das *Selektionsprinzip*, das die Entwicklung bisher vorangebracht hat. Sie ermöglicht durch Werkzeuge und *Moral* auch dort Leben, wo es unter natürlichen Umständen zugrunde ginge. Werkzeuge wurden aber auch Waffen. Mit ihnen kam der Krieg in die Welt. Die biblische Erzählung von Israels

---

[99] Zur „universalgeschichtlichen Hermeneutik" vgl. W. Pannenberg, Hermeneutik und Universalgeschichte, ³1979. Sie sollte m.E. zu einer evolutionären Hermeneutik erweitert werden: G. Theißen, Biblischer Glaube in evolutionärer Sicht, 1984. Dazu eine Zwischenbilanz in: G. Theißen, Biblischer Glaube und Evolution, in: ders., Von Jesus zur urchristlichen Zeichenwelt. 2011, 188–237.

Geschichte stellt exemplarisch die Bedrohung der Kultur durch Gewalt im Exodus, aber auch die Offenbarung des „Gesetzes" am Sinai dar, das dazu verpflichtet, Schwache zu schonen. Damit wurde das Moralprinzip entdeckt. Der dritte Schritt ist die Entstehung der großen Religionen. Sie suspendieren auch das *Moralprinzip*. Wahres Leben entsteht nicht durch Moral, sondern durch Gnade jenseits der Moral. Das Alte Testament definiert Gottes Wesen als Gnade: „Ich bin gnädig, wem ich gnädig bin". Barmherzigkeit ist das dominierende Gottesprädikat im Koran, Gnade der entscheidende Inhalt des Neuen Testaments. Zugleich entwickelte sich aber mit den Offenbarungsreligionen auch ein Fanatismus, der sich über die Moral hinwegsetzt.
Die Botschaft der Bibel ist Teil dieses umfassenden Prozesses. Wir finden in ihr einen Protest gegen das Selektionsprinzip in Bildern von der Erwählung eines zum Untergang bestimmten Volkes und von der Auferweckung des Gekreuzigten. Wir erleben in ihr die Überwindung des Moralprinzips durch Sündenvergebung und Rechtfertigung. Unsere These zum dritten Artikel ist daher: Durch den Glauben an den Geist wurde schon im Neuen Testament die Eschatologie „entmythologisiert". Deswegen wurde die Parusieverzögerung kein großes Problem. Der Geist verwandelt bis heute die Bilder religiöser Phantasie in Suchprogramme, in Motivation zu einer veränderten Wahrnehmung der Realität und zur Arbeit an ihrer realen Veränderung. Er will *realisieren*, was in religiösen Bildern verheißen wird. Er will *universalisieren*, was in der Realität nur begrenzt verwirklicht wurde. Der Geist manifestiert sich dabei konkret und universal in der Kirche und ihren Sakramenten, in ihrem Ethos und ihrer Eschatologie.

1. Die Gemeinschaft des Geistes: Kirche und Religionsökumene

Der Geist realisiert sich in der Kirche konkret als Gemeinde, universal als Ökumene. Die beiden wichtigsten Bilder für die Kirche sind aus biblischer Tradition das „Volk Gottes", aus griechischer Tradition der „Leib Christi". Beide Bilder verbinden Konkretes und Universales. Das Volk Gottes meinte ursprünglich nur Israel, wurde aber auf alle Menschen ausgeweitet. Ähnlich meint das Bild vom „Leib" in der griechischen Tradition die ideale Gemeinschaft in Polis und Volk, im Christentum aber die Gemeinde, in der Christen einander so nah sind wie die Glieder eines Leibes, so dass Unterschiede zwischen Juden und Nichtjuden, Freien und Sklaven, Männern und Frauen überwunden sind (Gal 3.28). Im Kolosser- und Epheserbrief wird dieses Bild vom Leib auf den ganzen Kosmos übertragen und gewinnt dadurch eine universale Weite. Diese Spannung zwischen konkreten Gemeinden und universaler Gemeinschaft gehört zum Wesen der Kirche: Nur in Kleingruppen erleben Menschen Anerkennung. Aber erst, wenn sie in ihnen weit mehr als nur Gruppenglieder sind, die man aus der Gruppe ausschließen kann, sondern Menschen, denen niemand ihr Menschsein absprechen kann, können sie sich in ihnen geborgen fühlen. Daraus folgt: Wir müssen Gemeinden als lokale Gemeinschaften *und* als Glieder einer Religionsökumene gestalten, die alle Menschen einschließt. Vorbild dafür ist das alttestamentliche Israel. In Israel finden wir ebenso das Bewusstsein einer ganz besonderen Aufgabe des Volkes in der Welt wie die Achtung vor jedem Menschen als Ebenbild Gottes.[100] Nichtjuden werden anerkannt, wenn sie die elementaren (noachiti-

---

[100] Israel achtet die „Gerechten" unter allen Völkern. Die sieben noachitischen Gebote sind: das Verbot von Mord, Diebstahl, Götzendienst, Unzucht, Fleischverzehr noch lebender Tiere, Gotteslästerung und die Verpflichtung zur Einführung von Gerichten (b.Sanhedrin 56a/b).

schen) Gebote einhalten, die auch für Nichtjuden gelten. Anhand dieses Modells können Christen ein „anonymes Christentum" (K. Rahner) in anderen Religionen anerkennen und die noachitischen Gebote durch die Menschenrechte erweitern und ersetzen. Dann werden auch christliche Kirchen für eine universale Religionsökumene transparent. Solch eine Ökumene des Geistes muss erlebbar sein in gemeinsamen Feiern mit Menschen anderer Religionen, im Austausch ihrer Prediger, in der Entsendung von Vertretern in Synoden, aber auch durch eine „Bibel" mit interreligiösen Texten.

2. Die Sakramente: Kirchenmahl und Religionsmahl

Die Kirche konkretisiert sich in sichtbaren Sakramenten. Da nur Christen zum Abendmahl zugelassen sind, scheint die universale Öffnung der Sakramente unmöglich zu sein. Dennoch finden wir im Neuen Testament Zeichen solch einer Öffnung. Jesus verheißt: „Viele werden kommen von Osten und von Westen und mit Abraham und Isaak und Jakob im Himmelreich zu Tisch sitzen" (Mt 8,11). Jesus verheißt bei der Einsetzung des Abendmahls: „Wahrlich, ich sage euch, dass ich nicht mehr trinken werde vom Gewächs des Weinstocks bis an den Tag, an dem ich aufs Neue davon trinke im Reich Gottes" (Mk 14,25). Kombiniert man beide Worte, so folgt daraus: Jesus nimmt erst dann am Abendmahl teil, wenn im Reich Gottes alle zum Mahl kommen. Mit dem Abendmahlssakrament ist die Utopie einer universalen Kommensalität verbunden. Das entspricht ihrem Ursprung. Die urchristlichen Sakramente entstanden nämlich aus prophetischen Symbolhandlungen des Täufers und Jesu: Die Taufe vermittelt Reinheit, die Mahlfeier soziale Anerkennung. Nach Ostern wurde die Taufe zu einem Sterben und Auferstehen mit Christus, das Abendmahl zum Verzehr von Christi Leib und Blut. Dabei werden Tabubrüche inszeniert.

- Das Abendmahl verstößt gegen ein soziales Tabu: Menschliche Gruppen sind hierarchisch, das Abendmahl ist egalitär.
- Es verstößt gegen ein rituelles Tabu: Ein Sühnopfer muss aus der Gemeinschaft entfernt werden. Beim Abendmahl bleibt es das Zentrum.
- Es verstößt gegen ein moralisches Tabu. Die Teilnehmer essen einen Leib und trinken Blut. Sie demonstrieren: Menschen sind bereit, auf Kosten anderer Menschen zu leben.

Diese Tabubrüche werden durch das Sakrament zum Impuls zur Verwandlung von Menschen.[101] Sünder, die bereit sind, auf Kosten anderen Lebens zu leben, verwandeln sich in Menschen, die Brot und Wein so gleich teilen wie sonst nirgendwo im Leben. Diese Verwandlung wird durch die Präsenz Gottes bewirkt. Das Sakrament wird zum Zeichen der Veränderungspräsenz Gottes in der Welt. Eine solche Sakramentstheologie vereint katholische und protestantische Traditionen. Katholisch ist der Gedanke der *Veränderungspräsenz* Gottes im Sakrament. Dort, wo Gott anwesend ist, verändert sich etwas. Das Ritual öffnet die Augen dafür, dass Gott als verändernde Kraft überall gegenwärtig ist. Den Sakramentsrealismus kann man (als Protestant) symbolisch als Versprechen deuten, dass die Veränderungen real geschehen *sollen*. Protestantisch ist vor allem aber der Gedanke des *Tabubruchs*. Taufe und Abendmahl vermitteln die Gewissheit von Sündenvergebung. Das Abendmahl ist ein Sündenbekenntnis von Menschen, die in sich „kannibalische" Tendenzen haben: Sie sind bereit, fremdes Leben zu verspeisen. Das verdrängt man heute oft durch harmlose Spendeformeln vom „Brot des Lebens" und „Kelch des Heils". Doch die Symbolik des Sakraments ist radikaler: Das Abendmahl verwandelt Menschen mit „kannibalischen Neigungen" in kooperative Menschen, die alle Lebensgüter gleich teilen. Die Mahlgemeinschaften Jesu sind Vorwegnahme des

---

[101] G. Theißen, Veränderungspräsenz und Tabubruch. Die Ritualdynamik urchristlicher Sakramente, 2017.

universalen Mahls im Reich Gottes. Jesus verheißt seine Präsenz erst, wenn auch die anderen zugelassen sind. Um seine universale Intention heute zu realisieren, brauchen wir ein für alle offenes „Religionssakrament". Mitglieder verschiedener Religionsgemeinschaften sollten sich immer wieder zu einem „normalen Essen" treffen. Die Kirchen sollten daher neben dem Abendmahl ein schlichtes „Religionssakrament" entwickeln, an dem alle teilnehmen können und mit dem sie dieser bei Jesus angelegten universalen Tendenz gerecht werden. Berechtigt ist freilich die Frage: Können wir alle Mitglieder einer Religion bei solch einem Religionssakrament akzeptieren? Müssen wir nicht einige ausschließen? Muss die Teilnahme nicht an ein universales Ethos gebunden sein? Kriterien können nur die Menschenrechte sein.

3. Das Ethos: Gemeindeethos und Universalethos

Die Kirche gestaltet ihr internes Zusammenleben durch ein Gemeindeethos, ihr Zusammenleben mit anderen Menschen aber durch ein Universalethos. Die Sakramente zeigen: Freiheit und Liebe sind zentrale Werte mit universalem Anspruch. Die Taufe symbolisiert Freiheit; sie sagt: Menschen werden geboren, um wiedergeboren zu werden. Das Abendmahl symbolisiert Liebe; es verpflichtet, für andere zu leben. Beide Gebote werden universalisiert. Die Befreiung gilt im Alten Testament Israel, im Neuen Testament allen Christen (Gal 5,1.13). Die Liebe ist in Israel Nächstenliebe, im Urchristentum auch Liebe zu den Feinden (Mt 5,43–48). Diese universalistische Tendenz verbindet die ganze Bibel. Schon das Alte Testament schreibt jedem Menschen unabhängig von seiner Gruppenzugehörigkeit einen unbedingten Wert als Ebenbild Gottes zu. Schon in ihm finden wir eine Tendenz, die Grenze zu Außengruppen und die Unterschiede zwischen Hohen und Niedrigen zu überschreiten. Gegenläufig finden wir aber in beiden Testamenten die ebenso notwendige Tendenz zur Intensivierung der Liebe durch Konzentration auf die eigene Gemeinschaft. Am weitesten gehen die johanneischen Schriften in diese Richtung. In ihnen ist Liebe „gegenseitige Liebe" (Joh 13,34; 15,12.17) und „Bruderliebe" (1Joh 2,10). Die Ausweitung der Liebe nach außen hin und ihre Intensivierung im Innern gehören zusammen. Denn die Christen sollen nicht nur aktiv Liebe üben, sondern auch die Position derer übernehmen, für die sie sich durch ihre Liebe einsetzen. Bei der Feindesliebe heißt das: Sie sollen bereit sein, die Position derer zu übernehmen, die Feindschaft auf sich ziehen. Wenn das JohEv sagt: „Niemand hat größere Liebe als der, der sein Leben hingibt für die Freunde" (Joh 15,13) verbindet sich eine intensive Bindung an die eigene Gruppe mit der Bereitschaft, nicht nur Feindesliebe zu üben, sondern Feindschaft zu ertragen, um für die eigene Sache Zeugnis abzulegen. Bei der Liebe zu den Armen gilt ähnliches: Der Christ soll freiwillig die Position derer übernehmen, die er unterstützen will, und bereit sein, die Rolle der Hilfsbedürftigen einzunehmen: „Wer groß sein will unter euch, soll euer Diener sein" (Mk 10,43). Das Erstaunliche ist: Solch ein Positionswechsel wird nicht nur vom Subjekt der Liebe verlangt, sondern auch deren Adressaten zugetraut. Wer Liebe erfährt, soll Liebe üben, wer Hilfe empfängt, anderen helfen. Die arme Witwe ist deshalb eine vorbildliche Spenderin, der Samariter der exemplarische Helfer (Lk 10,30–37). Der als raffgierig verachtete Zöllner verzichtet auf Besitz (Lk 19,1–10), die große Sünderin wird gelobt, weil sie „viel geliebt" hat (Lk 7,36–50). Immer werden hier Hilfsempfänger zu Helfern. Das Ethos der ersten Christen ist daher weit mehr als ein sozialromantisches Liebesethos. Zu ihm gehört auch die Bereitschaft, sich durch Zeugnis (durch *martyría*) gegen eine feindselige Umwelt zu behaupten und in der Position des Niedrigen (durch *diakonía*) anderen zu dienen. Das neutestamentliche Ethos verlangt also beides: eine Intensivierung und eine Universalisierung der Liebe. Wer nur die Binnenliebe in seiner Gruppe bejaht, bedroht alle, die in der eigenen Gruppe versagen. Erst durch universale Achtung gegenüber jedem entsteht eine Gemeinschaft, die auch das schwächste Glied trägt. Wenn wir fragen, wie sich solch eine Ausweitung prosozialen Verhaltens heute als universales Ethos vertreten lässt, kommt man zu dem Ergebnis: durch Anerkennung der Menschenrechte. Daher plädiere ich dafür, die Menschenrechte in die Texte aufzunehmen, die für Christen verbindlich sind, und das durch ein Menschenrechtsbekenntnis im Gottesdienst immer wieder nach innen und außen sichtbar zu machen.[102]

4. Die Eschatologie: Präsenz- und Universaleschatologie

Der Glaube findet in der Gegenwart Erfüllung, universal erst in der Zukunft. Paulus kennt beides: Jetzt ist der Augenblick des Heils (2Kor 6,2), am Ende wird Gott „alles in allem sein" (1Kor 15,28). Präsentische und futurische Eschatologie haben sowohl den individuellen Tod als auch die Zukunft aller Menschen im Blick. Die individuelle Hoffnung richtet sich im Neuen Testament auf die *Auferstehung* der Toten, seltener auf die *Unsterblichkeit* der Seele, obwohl beide eigentlich unvereinbar sind. Der Auferstehungsgedanke akzeptiert den Tod als Auflösung ins Nichts, hofft aber darauf, dass Gott den Menschen neu erschaffen wird. Der Unsterblichkeitsgedanke lässt den Menschen an der Ewigkeit Gottes partizipieren. Etwas in ihm ist dem Tod entzogen. Dennoch veranschaulichen beide Bilder übereinstimmend den unbedingten Wert des Lebens. Hinzu kam als eschatologisches Bild die Erwartung des *Gerichts* als

---

[102] G. Theißen, Plädoyer für ein Menschenrechtsbekenntnis im Gottesdienst. Über seine Chancen im Religions- und Glaubenspluralismus unserer Zeit, in: M. Wriedt/R. Zager (Hg.), Notwendiges Umdenken, 2019, 167–185.

individuelle Eschatologie, in der das Tun jedes einzelnen Menschen beurteilt wird. Keine gute Tat soll verloren gehen, aber auch kein Verbrechen ungesühnt bleiben. Parallel zu dieser individuellen Eschatologie gab es die kommunitäre Erwartung des *Reiches Gottes* mit der Hoffnung auf ein Zusammenleben, das nicht mehr Arme und Reiche, Mächtige und Ohnmächtige, Juden und Nichtjuden trennt. Die Aufgabe der Entmythologisierung ist bei eschatologischen Bildern besonders wichtig: Die Konfrontation mit dem Tod macht deutlich, dass wir endliche Geschöpfe sind. Nichts ist so gewiss wie der Tod. Dieser Gewissheit entspricht eine Ungewissheit hinsichtlich dessen, was uns im Tod erwartet. Die Hoffnungsbilder, die wir in der Bibel dazu finden, wirken alle wie Wunsch- und Angstprojektionen. Das Neue Testament enthält jedoch Hinweise, wie wir diese Bilderwelt als Medium einer einleuchtenden Botschaft deuten können: Das Neue der eschatologischen Verkündigung Jesu ist die präsentische Eschatologie. Gott wird im konkreten Augenblick erfahren. Dem entspricht die Ostererfahrung, die im Neuen Testament als Ostermystik gedeutet wird, in der die Einheit mit allem Sein erfahren wird. Die präsentische Eschatologie des erfüllten Augenblicks und die Ostermystik der Verbundenheit mit allem Sein sind im Neuen Testament die entscheidenden Gedanken für die Auseinandersetzung mit Tod und Endlichkeit. Das wird im Folgenden noch ein wenig näher entfaltet.

Das Neue der Eschatologie Jesu ist die Verbindung von präsentischer und futurischer Eschatologie. Hier und jetzt kann Ewigkeit aufleuchten, wenn Menschen einander helfen, wenn sie gemeinsam feiern und beten. Sie beginnt in jedem Einzelnen, wenn er zu Gott umkehrt. Eine vergleichbare Verbindung von Gegenwart und Zukunft finden wir in der Mystik des Urchristentums, bei Paulus als Schöpfungsmystik, bei Johannes als Liebesmystik. Bei Paulus erfährt der Glaubende Ostern als *creatio ex nihilo*, die ihn neu schafft und mit allem Sein vereint. Im Johannesevangelium begründet das Ostergeschehen eine Liebesmystik, die ihn mit allen Glaubenden verbindet.[103]

Der Osterglaube ist bei Paulus Schöpfungsmystik,[104] ein Glaube an den Gott, der aus dem Nichts schaffen kann. Schon Abraham hatte diesen Glauben, als er der Verheißung vertraute, dass er einen Sohn bekommen sollte, obwohl er und Sarah zu alt dafür waren. Trotzdem glaubte er an den, „der die Toten lebendig macht und ruft das, was nicht ist, dass es sei" (Röm 4,17). Die schöpferische Macht Gottes bezieht sich hier nicht auf die Schöpfung am Anfang oder die Auferstehung am Ende der Zeit, sondern auf Isaaks Geburt mitten in der Zeit. Es gehört zu Gottes zeitlosem Wesen, aus dem Nichts zu schaffen.[105] Paulus deutet seine Ostererfahrung im Rahmen dieses Gottesverständnisses in 2Kor 4,5f. Hier identifiziert er das Osterlicht mit dem Licht der Schöpfung. In der Begegnung mit dem Auferstandenen ist er dem Gott begegnet, der aus Nichts schaffen kann: „Denn Gott, der da sprach: Licht soll aus der Finsternis hervorleuchten, der hat einen hellen Schein in unsre Herzen gegeben, dass die Erleuchtung entstünde zur Erkenntnis der Herrlichkeit Gottes in dem Angesicht Jesu Christi" (2Kor 4,6). Eine Verbindung von Oster- und Schöpfungsglauben liegt auch in 1Kor 15 vor: Durch Adam kam der Tod in die Welt, durch Christus das Leben, das den Tod überwindet

---

[103] Hingewiesen sei auf das Thomasevangelium: In ihm wirkt Christus allein durch seine Worte, die durch ihren verborgenen Sinn die Einheit des Menschen mit Gott vermitteln.

[104] G. Theissen, Paulus und die Mystik, ZThK 110 (2013) 263–290.

[105] Dieser Gedanke der *creatio ex nihilo* begegnet erst in hellenistischer Zeit im jüdischen Schrifttum als Glauben an die Auferstehung der Toten. Die Mutter eines der Märtyrer in der Zeit der Religionsverfolgung durch Antiochos Epiphanes bittet ihren Sohn, den Tod nicht zu fürchten: „Ich bitte dich, mein Kind, sieh Himmel und Erde an und betrachte alles, was darin ist, und erkenne: Dies hat Gott alles *aus nichts* gemacht, und wir Menschen sind auch so gemacht. Darum fürchte dich nicht vor diesem Henker, sondern zeige dich deiner Brüder würdig und nimm den Tod auf dich, damit ich dich zur Zeit des Erbarmens samt deinen Brüdern wiederbekomme." (2Makk 7,28f)

(1Kor 15,21f). Am Ende wird Gott „alles in allem" sein (1Kor 15,28). Am intensivsten entfaltet Paulus seine Christusmystik im Hymnus auf die Liebe Gottes in Röm 8,31–39, auch hier aufgrund der Ostererfahrung, dass Christus auferweckt ist (8,34). Durch Christus bewältigt Paulus die Leiden in der Welt durch Vereinigung mit ihm in der Liebe. Diese Vereinigung beschreibt er als mystische Aufhebung der Ordnung von Raum und Zeit, Ich und Nicht-Ich, Sein und Nichtsein, Leben und Tod. Paulus spricht von diesen Gegensätzen wie von mythischen Mächten. Er greift zurück auf die Zeit vor der Schöpfung, bevor Kategorien wie Raum und Zeit entstanden, bevor Leben und Tod existierten, erlebt diese mystische Reduktion aber nicht als Selbstauflösung des Ichs, sondern als Liebe Gottes jenseits von Tod und Leben, von Raum und Zeit. Paulus kennt zwar nicht die Erfahrung der *unio mystica* als Verschmelzungs- oder Entleerungserlebnis, in denen sich das Ich auflöst, wohl aber als unbedingte Geborgenheit in Gottes Liebe. Für ihn ist es eine gegenwärtige Erfahrung, dass diese Liebe durch den Geist in die Herzen der Gläubigen ausgegossen wird (Röm 5,5) und er durch diesen Geist schon jetzt mit Gott vereint ist.

Das JohEv macht die präsentische Eschatologie zur Basis des Glaubens. Im ersten Teil seines Evangeliums offenbart sich Jesus als Ursprung des Lebens, im nichtöffentlichen Teil als Liebe. Der erste Teil überbietet die traditionellen Hoheitstitel „Christus" und „Gottessohn" durch die Bilder der *Ich-bin-Worte*, die das Leben verheißen, und fasst seine Botschaft in dem Auftrag zusammen, das *Leben* zu offenbaren (12,49f). Im zweiten Teil des JohEv hinterlässt er seinen Jüngern das Liebesgebot als „neues Gebot" (13,34) mit einer Liebesmystik durch Neuinterpretation seines Kommens in der Parusie. Jesus verheißt nämlich jedem, der ihn liebt: „Mein Vater wird ihn lieben, und wir werden zu ihm kommen und bei ihm wohnen" (14,23). Er bereitet nicht Wohnungen beim Vater vor, sondern die Christen sollen Gott und ihm eine Wohnung in sich bereiten. Die Parusie wird als mystische Einheit erlebt: „An jenem Tage werdet ihr erkennen: Ich bin im Vater, ihr seid in mir und ich bin in euch" (14,20).[106] Einheit schafft die Liebe, die er als neues Gebot einführt (13,34f; 15,12–17). Diese Liebesmystik findet ihren Höhepunkt im 1. Johannesbrief: „Gott ist die Liebe; und wer in der Liebe bleibt, der bleibt in Gott und Gott in ihm." (1Joh 4,16) Unsere Gedanken zur Ostermystik lassen sich so zusammenfassen: Alle Varianten urchristlicher Mystik sind Verarbeitung des Osterglaubens. Wenn Jesus trotz seines Todes lebendig ist, kann er in die Herzen der Gläubigen einziehen. In der johanneischen Liebesmystik befähigt er die Gläubigen zur Liebe untereinander, durch die sie eins werden. Paulus vertritt eine Schöpfungsmystik: Die Erscheinungen des Auferstandenen sind Begegnungen mit dem Gott, der aus Nichts schafft und der sich in der Bibel als der definiert, der sagt: „Ich bin, der ich bin" (Ex 3,14). In der Begegnung mit ihm wird der Mensch neu geschaffen.

5. Eschatologie heute: Glaube als unbedingtes Vertrauen

Anfang und Ende des Lebens sind Orte, an denen wir Gott begegnen. Sie konfrontieren mit Sein und Nichtsein. Auch wenn wir die Gesamtwirklichkeit nicht erleben können, ist sie eine Realität, die uns immer umgibt. Sie wird nur selten bewusst. Mit dem Erwachen des Bewusstseins im Neugeborenen wird sie Realität und endet mit dem Erlöschen des Bewusstseins im Tod. Sie verschwindet vorübergehend beim Einschlafen und ist beim Erwachen wieder da. In diesen Grenzsituationen erleben

---

[106] Auferstehung und Gericht sind im Johannesevangelium nicht nur zukünftige Ereignisse, vielmehr gilt: „Wer mein Wort hört und dem glaubt, der mich gesandt hat, hat das ewige Leben; er kommt nicht ins Gericht, sondern ist aus dem Tod ins Leben hinübergegangen" (5,24). Das Gericht vollzieht sich schon jetzt im Herzen der Menschen, wenn sie Jesus annehmen oder ablehnen: „Wer an ihn glaubt, wird nicht gerichtet; wer nicht glaubt, ist schon gerichtet" (3,18).

wir vorübergehend das Ganze der Wirklichkeit. Einschlafen und Erwachen sind daher Anlass zu individueller Meditation und Gebet, Geburt und Tod Orte kollektiver Rituale. Geburt und Tod Jesu wurden auch deshalb zu den wichtigsten religiösen Bildern. Sie sagen: Mit seiner Geburt geht ein Licht auf. Mit seinem Tod erlischt ein Licht, das Ostern erneut aufleuchtet.

Mit unserer Geburt beginnt das Wunder unserer Existenz. Gott berührt uns in unserem Staunen darüber, dass überhaupt etwas ist und nicht nichts. Dann spüren wir die Macht, die alles aus Nichts schafft und in Nichts versinken lässt. Sie ist in jedem Augenblick da. Zwischen Geburt und Grab ist die Gegenwart nur ein vorübergehender Moment. Die Vergangenheit ist nicht mehr, die Zukunft noch nicht, die Gegenwart ein ständiger Übergang aus einem Nichts in ein anderes Nichts. Die Macht, die aus Nichts Sein schafft, umgibt uns deshalb jeden Augenblick. Wir erleben sie intensiv, wenn uns ein Mensch sagt: Es ist wunderbar, dass es Dich gibt. Wir erleben sie als Wunder des Seins in allen Dingen.

Diese Sensibilität für das Wunder des Seins öffnet eine Unendlichkeit. Alle Dinge erfahren wir als endlich. Aber wenn wir nach ihrer Ursache fragen, führt eine unendliche Kette von Ursachen uns in einen dunklen Raum, den wir Gott nennen. Aus ihm kommt alles Dasein. Sein und Nichts enden in dieser undurchdringlichen Unendlichkeit. Im Geheimnis von Sein und Nichts begegnet Gott als Unendlichkeit, die auch uns umgreift.

Durch diese Erfahrung von Sein und Nichts sind wir aber nicht nur mit Gott, sondern mit allen Dingen verbunden. Denn alles, was existiert, existiert genauso kontingent wie wir. Wenn wir uns in diese Wirklichkeit einordnen, ahnen wir die Wirklichkeit als ein *Ganzes*.

Durch die Erfahrung von Sein und Nichts erleben wir zugleich eine *Freiheit*, die uns über alle Dinge hinaushebt. Denn wir entdecken Kontingenz nicht nur in der Tiefe der Wirklichkeit, sondern auch in uns selbst. Wir haben die Freiheit, etwas neu anzufangen. Das kann kein Stein, keine Pflanze, kein Tier, nur der Mensch, und er ist sich dessen bewusst. Er weiß sich verantwortlich für das, was er bewirkt. Dadurch erlebt er sich als einen Punkt, bei dem die Frage nach Ursachen abbrechen kann. Er ist beim freien Handeln ihr Beginn und dadurch Ebenbild dessen, der alles begonnen hat.

Wir begegnen Gott aber nicht nur in der Konfrontation mit allem Sein, sondern auch mit dem Nichts. Der Tod ist der Schattenriss Gottes. Er lehrt uns an erster Stelle: Alles ist endlich, nicht nur unser Leben, sondern alles. Der Tod konfrontiert uns mit einer Unendlichkeit, die alles verschluckt wie ein schwarzes Loch. Die Dauer des Todes ist unendlich. Eben darin ist er ein Schattenriss Gottes. Gott ist unendlich.

An zweiter Stelle lehrt der Tod: Alles ist bedingt. Jede Zusage im Leben steht unter Bedingungen. Wir können sie nur einhalten, sofern wir leben. Das Nichts aber konfrontiert mit Unbedingtem. Wir können mit dem Tod nicht Bedingungen aushandeln, unter denen er weniger tödlich wäre. Er ist darin ein Schattenriss Gottes. Gott fordert unbedingt.

Drittens lässt uns der Tod unsere schlechthinnige Abhängigkeit spüren. Wir mögen die Versuchung spüren, ihm durch Suizid zuvorzukommen, um Selbstbestimmung zu üben, wo alle Selbstbestimmung aufhört. Aber der Tod herrscht nicht weniger absolut über uns, wenn wir unser Leben selbst beendet haben, als wenn wir es nicht tun. Und doch macht der Tod frei: Keine Verpflichtungen binden uns. Wir spüren eine große Freiheit. Darin ist der Tod ein Schattenriss Gottes. Gott gibt Freiheit.

Die Konfrontation mit dem Nichts ist daher eine verborgene Konfrontation mit Gott. Wir begegnen einer Realität, die unendlich ist, die unbedingt ist und die uns Freiheit zumutet. Wer von diesem Geheimnis des Seins ergriffen wurde und sein Leben als Antwort darauf führt, der vertraut sich im Tod dieser Macht an. Das ist unbedingtes Vertrauen.

Wenn der Glaube unbedingtes Vertrauen ist, macht er sich nicht von Bedingungen abhängig. Er sagt nicht: Ich mache meine Lebensbejahung davon abhängig, dass ich ewig lebe und aus dem Tode auferstehe. Sobald sich der Glaube von solchen

Vorstellungen abhängig macht, ist er kein unbedingtes Vertrauen mehr. Denn darüber, was mit uns nach dem Tod geschieht, können wir kein Wissen haben – es sei denn, wir erheben zum Dogma, was nie Gewissheit sein kann.

Das unbedingte Vertrauen ist für alle Gedanken über den Tod der feste Ausgangspunkt. Im Lichte dieses unbedingten Vertrauens können wir Hoffnungszeichen entdecken, die diesen unbedingten Glauben zwar nicht begründen, aber unser Vertrauen bestätigen. Diese Hoffnungszeichen dürfen mehrdeutig sein, real oder ideal, wörtlich oder symbolisch, entscheidend ist, dass sie zum Ausdruck unbedingten Vertrauens werden können. Sie haben freilich verschieden starke Bestätigungskraft. Keiner sollte sie zu „Dogmen" erheben, die ein Christ glauben muss. In unserer Zeit sind sozial sanktionierte religiöse Überzeugungen, also Dogmen, nicht überzeugend.

Das zentrale Hoffnungszeichen sind die *Ostererscheinungen*. Die Jünger erlebten in Visionen den verstorbenen Jesus als lebendig. Vergleichbare Erfahrungen mit Verstorbenen sind bis heute gut bezeugt. Wir müssen die Ostererscheinungen im Rahmen dieser Analogien lesen. Sie heben sich unter ihnen freilich hervor: Mehrere Personen erleben sie, die Form der Erscheinung ist verschieden. Neben Erscheinungen vor einzelnen Personen gab es Gruppenerscheinungen, neben Erfahrungen von Anhängern auch eine Erscheinung vor Paulus, einem Gegner Jesu. Diese Ostererscheinungen begründen kein unbedingtes Vertrauen, wohl aber bestätigen sie es. Sie enthalten die Botschaft: Die Kreuzigung war Unrecht. Sie wird überwunden. Darüber hinaus enthalten sie die Botschaft: In Jesus, seiner Person und seiner Botschaft, war eine Macht wirksam, die stärker ist als der Tod.

Umstritten ist das zweite Hoffnungszeichen: das *offene Grab*. Wir wissen nur, dass Joseph von Arimathia Jesus vom Kreuz abgenommen hat und gegen Sonnenuntergang noch vor Sabbatbeginn in einem Felsengrab beerdigt hat. Dass dies Grab sein Besitz war, wird in der ältesten Überlieferung im MkEv nicht gesagt. Vielleicht hat er einfach das nächstbeste Grab genommen. Es könnte ein neues Grab gewesen sein, an dem man noch arbeitete. Weil Frauen nach dem Sabbat in der Nähe dieses Grabes einem Unbekannten begegneten, den sie sekundär mit Jesus identifizierten, entstand möglicherweise die Geschichte vom leeren Grab. Sie ist aber unabhängig davon, ob man sie realistisch oder symbolisch deutet, ein Hoffnungszeichen. Das verschlossene Grab symbolisiert ein Gefängnis, das offene Grab die Befreiung aus ihm. Wer den Tod als Weg ins Freie erlebt, verwirklicht den Sinngehalt des offenen Grabs. Dass der Fels vom Grabe weggewälzt wurde, ist ein Symbol dafür, dass die Todesangst den Menschen genommen wird.

Ein drittes Hoffnungszeichen sind Aussagen über die Aufnahme Jesu in den „*Himmel*". Im Hebräerbrief wird die ganze Wirklichkeit als Tempel vorgestellt, der Himmel als das Allerheiligste, die Erde als Tempelraum. Jesus hat bei seinem Tod den Vorhang durchquert, der das Allerheiligste trennt. Im Allerheiligsten ist ewig, was hier vergänglich ist. Die Aufnahme in den Himmel bedeutet: Jesus gehört nun zu einer Sphäre ewiger Werte. Zu dieser Sphäre haben Menschen Zugang. Denn wir haben in uns einen Sinn für Ewiges. Dieser Sinn für Ewiges wird bei jeder Behauptung einer Wahrheit aktiviert. Wenn ein Satz gilt, gilt er notwendigerweise ewig. Wenn er ein Irrtum war, ist er für immer ein Irrtum. Dass Jesus in den Himmel aufgenommen wurde, ist ein poetisches Bild dafür, dass auch er in die Sphäre „idealer" Wahrheiten eingegangen ist, die nicht der Zeit unterworfen sind. Und wenn es heißt, er sei allen in diesen Bereich vorausgegangen, so sagt das: Auch für Menschen steht diese Sphäre ewiger Wahrheiten offen. Wir Menschen haben Zugang zu einer Welt ewiger „idealer" Gebilde. Logische Gesetze und mathematische Strukturen gelten unabhängig von der Zeit. Gewiss schwanken wir, ob wir mit Logik und Mathematik eine eigene „Welt" entdecken oder konstruieren. Wenn wir sie konstruiert haben, hätten wir vergängliche Lebewesen in uns die produktive Fähigkeit zu etwas Ewigem. Aber richtig ist: Ein Sinn für Ewiges muss selbst nicht ewig sein.

Ein viertes Hoffnungszeichen ist die Einsicht, unser Leben in der Zeit könnte zur Erscheinungswelt gehören, nicht aber zur Realität an sich. A. Einstein schrieb nach dem Tod eines Freundes an dessen Witwe: „Nun ist er mir auch mit dem Abschied aus dieser sonderbaren Welt ein wenig vorausgegangen. Das bedeutet nichts. Für uns gläubige Physiker hat die Scheidung zwischen Vergangenheit, Gegenwart und Zukunft nur die Bedeutung einer wenn auch hartnäckigen Illusion."[107] Existiert das Kommen und Vergehen nur in einer Weltkonstruktion, die wir notwendig vollziehen, während alles Sein aus einer Perspektive jenseits der Zeit ewig existiert? Hier geht es nicht um den Zugang zu einer zeitlosen „idealen" Welt, die man sich wie der Hebräerbrief als einen eigenen Raum vorstellt, sondern darum, dass unsere Kategorien von Raum und Zeit nicht die Wirklichkeit an sich erfassen. Auch das kann man nur mit poetischen Bildern denken: Alles ist ein Gedanke Gottes und in seinen Gedanken existiert alles jenseits von Raum und Zeit.

Ein fünftes Hoffnungszeichen ist der Glaube an eine Weiterexistenz in der Sphäre „realer" Dinge, die in Raum und Zeit existieren. Das Neue Testament setzt eine Verwandlung des Leibes in eine pneumatische Leiblichkeit voraus. Dies Bild bezieht sich nicht auf eine zeitlose Wahrheit, sondern auf das Geschick des materiellen Körpers. Früher bekannte sich die ganze Christenheit zu einer „Auferstehung des Fleisches". In dieses Bekenntnis konnte man jedes Lebewesen einbeziehen. Es hat Gründe, warum man diese Formulierung nicht mehr wählt. Wahr aber ist: Mit dem Tod wird die Materie, aus der wir bestehen, das „Fleisch", verwandelt. Deshalb heißt es am Grab: „Erde zu Erde, Asche zu Asche, Staub zu Staub". Dasselbe gilt von der Energie, die in unserem Leben wirksam war. Sie wirkt weiter. Der naturwissenschaftliche Satz von der Erhaltung der Energie sagt, dass sie nicht verschwindet, sondern nur in veränderter Form weiterexistiert. Aber das geschieht in anonymer Form. Die Verwandlung von Materie und die Erhaltung

---

[107] M. Jammer, Einstein und die Religion, 1995, 71.

von Energie sind nur winzige Hoffnungszeichen dafür, dass wir in der Gesamtwirklichkeit nicht „verloren" gehen.

Ein sechstes Hoffnungszeichen sind Bilder von einem „jüngsten Gericht". Wenn sie im Menschen zu seinen Lebzeiten wirksam sind, wirken sie als Aufforderung, Bilanz zu ziehen, sich Rechenschaft darüber abzugeben, was wir im Leben an Gutem und Bösem getan haben. Und gleichzeitig enthält dieses Bild einen Vorbehalt: Unsere Bilanz ist vorläufig und begrenzt. Was das Leben gebracht hat, kann letztlich nur Gott beurteilen. Zwischen Selbstbeurteilung, Urteilen anderer Menschen und der Wahrheit an sich bleibt eine Diskrepanz. Wir müssen sie offenlassen. Niemand hat das letzte Wort über ein Leben. Aber in diesem Bild vom Gericht wird versichert: Unser Leben und unsere Taten haben eine ewige Bedeutung. Was wir an Gutem getan haben, bleibt gut, auch wenn kein Mensch es feststellen kann – das Böse, das wir getan haben, bleibt verwerflich. Handlungen, die in der realen Sphäre geschehen sind, erhalten im Bild vom Gericht eine ewige Bedeutung, als gehörten sie einer „idealen" Sphäre an.

Immer aber gilt: Glaube ist unbedingtes Vertrauen in die Macht, die alles aus Nichts schafft. Sie erfasst den Menschen in einer grundlegenden Resonanzerfahrung. Seine eigene Existenz ist so kontingent wie die Existenz aller Dinge. Wenn er von dieser Macht erfasst und durchdrungen wird, erlebt er mitten im Leben „Ostermystik" und schöpft daraus unbedingtes Vertrauen angesichts des Todes. Ostermystik bedeutet, dass Gott am Ende alles in allem ist. Auch wir selbst werden in diesem All geborgen sein. Ostermystik ist das Erleben dieser Einheit schon in diesem Leben hier und jetzt. Nach dem Neuen Testament könnten wir diese Einheit durch eine mystische Verbundenheit mit Christus schon in der Gegenwart erfahren: Wenn wir mit Christus sterben und auferstehen, leuchtet das Licht der Schöpfung auf.

VI. Trinitarisches Denken und interkulturelle Theologie

Als Bultmann vor 80 Jahren sein Entmythologisierungsprogramm entwickelte, hatte sich ein interreligiöser Dialog darin angekündigt, dass die Religionsgeschichtliche Schule das Christentum als „synkretistische Religion" analysierte, in der viele Religionen Spuren hinterlassen hatten. Es hätte nahegelegen, auch die gegenwärtigen Religionen als Antwort auf existenzielle Grundfragen zu deuten, zumal die existenziale Auslegung bei der Interpretation der Gnosis entwickelt wurde, die christliche und nichtchristliche Texte umfasst. Wenn wir heute Anliegen der religionsgeschichtlichen Schule, der existenzialen Interpretation und Entmythologisierung fortführen, müssen wir das religionsdialogische Potenzial in dieser theologischen Tradition entfalten. Schon die Kirchenväter haben m.E. in der Bilderwelt der Bibel eine verborgene Struktur entdeckt, die man in anderen Religionen wiederfinden kann, auch wenn sie dort mit anderen Inhalten gefüllt wird.

Wir haben anhand der Christologie gezeigt: Die Zwei-Naturen-Lehre enthält eine allgemeine Strukturanalyse religiöser Erfahrung. So wie sich nach den Erkenntnissen von Chalkedon göttliche und menschliche Natur verbinden, damit Gott erfahren werden kann, so wird in jeder religiösen Erfahrung ein begrenzter Ort zum Medium für das Erscheinen der Transzendenz. Transzendenz wird dabei nicht in dieses Medium *verwandelt* oder mit ihm *vermischt*. Sie bleibt insofern *abwesend*. Sie wird aber gleichzeitig *ungetrennt und ungeteilt* in ihm zugänglich und ist insofern *anwesend*, so dass sie als *abwesende Präsenz* oder *präsente Abwesenheit* erscheint. Die Zwei-Naturen-Lehre der Alten Kirche wurde für die Christologie entwickelt, deckte aber eine Struktur auf, die für jede religiöse Erfahrung gilt. Eine solche universale Deutung der Christologie entspricht den Intentionen der Christologie im Neuen Testament. Denn in ihm ist Christus der Logos, der alles durchdringt. Er ist auf der einen Seite eine konkrete Person in Galiläa und Judäa, auf der anderen Seite eine kosmische Größe. Wenn von ihr gesagt wird, dass alle Mächte und Gewalten in Christus geschaffen wurden, umfasst sie die ganze religiöse Welt. Solche kosmischen Aussagen im Neuen Testament legitimieren die Suche nach verwandten Strukturen in der ganzen Welt und in allen Religionen.

In dieser Weise lässt sich nicht nur die Christologie, sondern auch das Trinitätsdogma interpretieren. Traditionell unterscheidet man eine sogenannte „ökonomische" und eine „immanente" Trinitätslehre. Ökonomisch ist sie, wenn sie die Verwirklichung eines Heilsplans in drei Phasen meint, immanent ist sie, wenn sie die internen Beziehungen zwischen den drei Personen der Trinität ins Zentrum stellt. Die Theologie hat seit Irenäus (ca. 135–200 n.Chr.) die Bibel als Zeugnis für eine solche „ökonomische" trinitarische Offenbarung Gottes gedeutet, d.h. als aufeinander folgende erste Offenbarung in Schöpfung und Geschichte Israels, als eine zweite Offenbarung in Christus und eine dritte Offenbarung in der Kirche. Solche Gedanken sind für uns freilich keine Dogmen, sondern Aufforderungen, in Welt und Geschichte etwas zu entdecken, das ihnen entspricht.

Eine ganz andere dreiphasige Offenbarungsgeschichte können auch wir in Geschichte und Religion entdecken. Wenn Religion Resonanz der Gesamtwirklichkeit im Menschen ist, die sich intentional auf ihren Ursprung zurückbezieht, so beziehen sich diese Resonanzerfahrungen auf drei verschiedene Aspekte der Gesamtwirklichkeit, auf die Ordnung in der Natur, auf das Leben in allem Lebendigen und auf die Beziehung zu anderen Menschen. Sie entsprechen der materiellen, biotischen und kulturellen Phase der Evolution. Die Gesetze der Materie lassen sich mathematisch berechnen. Das Leben lässt sich genetisch entschlüsseln. Menschen lassen sich hermeneutisch verstehen. Mathematik, Genetik und Hermeneutik decken die objektive Grundlage unserer Resonanzerfahrungen auf und dienen uns als Suchprogramme, um in der Wirklichkeit etwas zu finden, das ihnen entspricht.

Das religiöse Staunen über die Ordnung in der Natur antwortet auf die nomologische Struktur der Natur. Die mathematische Berechenbarkeit dieser Ordnung gibt uns die Gewissheit, dass diese Ordnung keine Illusion ist. Wenn sie uns fasziniert, so hat das einen objektiven Grund, auch wenn wir immer wieder revidieren müssen, was wir über diese Ordnung erkannt haben.

Die Strukturen der Materie haben die Evolution des Lebens als Entwicklung zu immer komplexeren Verbindungen ermöglicht. In dieser Entwicklung gibt es Neuanfänge: Das Leben unterläuft das Entropieprinzip. Nach dem zweiten Hauptsatz der Thermodynamik nimmt die Ordnung in geschlossenen Systemen ab, in der Evolution des Lebens nimmt sie zu. Ermöglicht wird das durch den Stoffwechsel in der Natur. Wir Menschen gleichen darin allen anderen Lebewesen. Unser genetischer Code ist universal und gilt für alle Lebewesen. Wir beziehen uns daher auf eine objektive Realität, wenn wir von allem Lebendigen fasziniert sind.

Die Evolution machte einen weiteren Neuanfang mit der menschlichen Kultur. Die Kultur suspendiert das Selektionsprinzip. Menschen können mit ihrer Hilfe auch dort überleben, wo sie in der Natur keine Chance hätten. Während die Entwicklung des Lebens durch Stoffwechsel mit der Umwelt möglich wurde, basiert die Kultur auf einem Informationsaustausch mit ihr durch Erkenntnis: Wir „befragen" die Natur in Experimenten und entziffern ihre „Antworten" in unseren Theorien. Mit Hilfe unserer Erkenntnisse bauen wir Häuser, erzeugen Nahrung, begrenzen Konkurrenz durch Moral. Dadurch haben wir eine Chance, in unserem Zusammenleben Selektionsdruck zu verringern.

In der biblischen Religion offenbart sich Gott dadurch, dass er Selektionsdruck aufhebt. Israel droht, diesem zum Opfer zu fallen. Schon Ende des 2. Jahrtausends v.Chr. rühmt sich ein Pharao, Israel vernichtet zu haben. Doch Israel überlebte und verbündete sich durch seinen monotheistischen Glauben mit der Gesamtwirklichkeit als einer antiselektiven Macht. In der Bildersprache der Religion kommt das so zum Ausdruck: Gott und Israel schlossen einen Bund, während Israel alle Menschen als Ebenbild Gottes anerkannte. Dieser Bund verpflichtet Menschen dazu, durch Erfüllung von Geboten in Entsprechung zu Gott zu leben. Obwohl sie dabei scheitern, kommt ihnen immer wieder eine unbegründete Gnade entgegen. Wir finden in dieser Religion die Ahnung einer Gesamtwirklichkeit, die alle Varianten des Lebens „richtet" und dennoch „akzeptiert", so dass sie letztlich nicht mehr zwischen gelungenen und misslungenen Varianten des Lebens unterscheidet. Im Neuen Testament wird diese Erkenntnis, die wir Israel verdanken, universalisiert.[108]

Diese Deutung von drei Phasen in der Geschichte des Lebens findet im Scheitern unserer metaphysischen Argumentationsketten eine Entsprechung. Wir können drei Wege des Scheiterns erkennen:

Der erste Weg des Scheiterns besteht darin, dass wir die Rückfrage nach Gründen an einer Stelle abbrechen. Wir könnten über den „letzten" Grund hinaus immer noch nach weiteren Gründen fragen, können aber unter einer Bedingung unser Fragen beenden: Wenn uns in einem „letzten Grund" etwas so

---

[108] Mit W. Pannenberg, Hermeneutik als Universalgeschichte, in: Ders., Grundfragen systematischer Theologie, ³1979, 91–122, meine ich, dass die biblische Religion eine umfassende Geschichte entwirft. Die in Christus geschehene Wende werte ich aber nicht als Prolepse des Weltendes aus, weil sich das Weltende unserer Erkenntnis entzieht. Erkennbar ist dagegen, dass in Christus ein evolutionärer Wandel sichtbar wird: der Durchbruch eines Antiselektionismus. Spuren davon sind für uns in der bisherigen Geschichte erkennbar, auch in anderen Kulturen und Religionen. Wir können in unserer Erkenntnis proleptisch nicht die Ewigkeit antizipieren, wir können nur darauf vertrauen, dass wir trotz allem am Ende Ja sagen können zur Weltgeschichte – mit dem unverzichtbaren Vorbehalt der Ablehnung des Bösen, das in der mythischen Vorstellung vom „Jüngsten Gericht" zum Ausdruck kommt.

intensiv anspricht, dass wir mit ihm als Endpunkt unseres Fragens zufrieden sind. Dies wäre möglich, wenn an dieser Stelle durch das Endliche hindurch etwas Unendliches sichtbar würde und wir mit ihm konfrontiert würden. Was in diesem Gedankenspiel nur eine abstrakte Möglichkeit ist, behaupten die Bilder der Religionen als Wirklichkeit. Sie identifizieren konkrete Ereignisse in der Wirklichkeit als Orte, in denen etwas Absolutes erscheint. In der christlichen Trinitätslehre ist das Jesus von Nazareth als „Sohn Gottes", in anderen Religionen sind es Moses, Mohamed und Buddha. Immer sind diese Gestalten Modelle für alle Menschen: Wer ihnen folgt und ihre Lehre praktiziert, entspricht der Gesamtwirklichkeit, die sich in ihnen zeigt.

Der zweite Weg des Scheiterns verwirft den willkürlichen Abbruch der Argumentationskette bei einer endlichen Realität. Denn zu jedem Grund kann man einen weiteren Grund finden, zu jeder Ursache eine weitere Ursache. Wir müssen akzeptieren, dass diese Kette unendlich ist. Sie öffnet eine Tiefe ohne Ende. Damit öffnet sich ein unendlicher Raum, der uns einschließt, aber den wir nie durchschauen werden. Was Metaphysik in einem Gedankenspiel theoretisch konstruiert, wird in der Religion als göttliches Geheimnis erlebt. Gott entzieht sich als Schöpfer aller Dinge allem Geschaffenen in einer unzugänglichen Unendlichkeit. Entweder wird er als transzendenter Schöpfer von allen Geschöpfen qualitativ unterschieden, so dass nur analoge und komparative Aussagen von ihm möglich sind: Er ist nicht nur mächtig, sondern allmächtig. Oder er wird in einer negativen Theologie durch Verneinungen benannt. Er ist *un*endlich, *un*begrenzt, *un*aussprechlich.

Der dritte Weg des Scheiterns ist der Zirkelschluss. Er beruft sich auf einen Grund, auf den er sich in der Begründungskette schon berufen hatte. Wenn Begründungsketten so lange wie möglich alle „verbrauchten" Begründungen ausklammern, können sie einmal alle Gründe umfassen. Dann wäre alles mit allem verbunden. Was dieses Gedankenspiel nahelegt, wird in der Religion in Symbolen zum Ausdruck gebracht. In der Trinitätssymbolik wird die Fähigkeit, alles zu verbinden, dem Heiligen Geist zugesprochen. Durch diesen Geist ist alles geschaffen. Er will alle Menschen erleuchten und motivieren, verbindet alle Menschen und Menschen mit allen Dingen.

Könnte in der formalen Struktur der Trinitätssymbolik also eine Weisheit verborgen sein, die in anderen Religionen wiederkehrt? Vorab sei betont: Den Glauben an die Trinität kann man heute nicht mehr als dogmatische, sanktionsbewehrte Lehre vertreten. Sie ist ein Bild, das anregt, besser zu verstehen, was in *jeder* Religion geschieht. Jede Religion braucht ein Zentrum, das der Erfahrung zugänglich ist, aber sich durch Transparenz für eine umfassendere Wirklichkeit relativiert; dieses Zentrum ist in der Trinitätssymbolik der „Sohn". Jede Religion macht einen Vorbehalt gegenüber der Verabsolutierung des Endlichen, denn sie bezieht sich auf Unendliches, das sich dem Begreifen entzieht; dieses Unendliche ist in der Trinitätssymbolik „Gott der Vater". Jede Religion braucht eine Kraft, durch die sich Menschen untereinander und mit allem verbinden. Das ist in der Trinitätssymbolik der „Heilige Geist".

Ist also in der Trinitätssymbolik eine Struktur verborgen, die man in jeder Religion finden kann? Um diesen Gedanken probeweise durchzuführen, greifen wir noch einmal auf unsere Definition von Religion zurück: Religion ist Resonanz der Gesamtwirklichkeit im Menschen, die sich intentional auf ihren Ursprung bezieht. Wenn unser Gedankenexperiment Recht hat, müsste darin eine trinitarische Grundstruktur erkennbar sein. *Subjektiv* erfasst *Resonanzerfahrung* den Menschen. Sie hat einen Ort im konkreten Subjekt, der sich für die ihn umgreifende Gesamtwirklichkeit öffnet. In der Trinitätssymbolik nimmt der „Sohn" diese Stelle ein. Er ist dabei Symbol und Modell für jede Person, in der Gott anwesend sein will. *Objektiv* erscheint in *Transparenzerfahrungen* die ganze Wirklichkeit. In ihr ist alles mit allem verbunden. Die Verbundenheit aller Dinge wird in der Trinitätssymbolik durch den „Geist" dargestellt. Dieser Geist verbindet Menschen in kleinen

Gemeinschaften konkret und zugleich universal in der Gemeinschaft aller Menschen. *Dialogisch* spricht uns ein *Wort* aus einem uns unzugänglichen Raum an. In diesem Wort begegnet Gott. Er spricht aus jener Tiefe, in der unser Denken in Unendlichkeit versinkt. Nur durch *Transformation* des eigenen Lebens durch das Wort kommen wir in Kontakt mit ihm. In der Trinitätssymbolik ist der „Vater" in dieser Unendlichkeit verborgen. Wir erleben ihn sowohl im Wunder unserer ursprünglichen Existenz als auch im Wunder unserer erneuerten Existenz, in Schöpfung und in Neuschöpfung.

Was hier als Resonanz-, Transparenz- und Transformationserfahrung unterschieden wird, ist im Leben eine Einheit, denn alle Erfahrungen wirken zusammen. Wenn uns das Wort aus einer unendlichen Tiefe des Seins anspricht, antworten wir darauf mit intensiver Resonanz. Wenn die wahrnehmbare Wirklichkeit transparent wird, öffnet sich eine unendliche Tiefe. Wenn wir in unserer Existenz mit dem Wunder von Sein und Nichts konfrontiert werden, spüren wir die Unendlichkeit Gottes im Kontrast zu unserer Endlichkeit. Dennoch ist es sinnvoll, diese drei Aspekte zu unterscheiden.

Ein erneuertes Entmythologisierungsprogramm hat die Aufgabe, die verborgene „Rationalität" mythischer Bilder und Motive aufzuspüren. Es bedient sich dabei „profaner" wissenschaftlicher Zugangsweisen zum Neuen Testament. Das ist notwendig. Bultmann selbst betont am Ende seines Entmythologisierungsaufsatzes, dass Apostel und Kirche Phänomene sind, „die der historischen, der soziologischen, der psychologischen Betrachtung unterliegen".[109] Trotzdem finden wir unter seinen Anhängern bis heute einen fast konfessorischen „Antipsychologismus", verbunden mit Vorbehalten gegenüber Soziologie und Sozialgeschichte in der Exegese, manchmal auch mit Unverständnis gegenüber einer ästhetischen Betrachtung der re-

---

[109] Bultmann, Neues Testament und Mythologie, 53.

ligiösen Bilderwelt als „Poesie des Heiligen".[110] Ebenso selbstgewiss verwerfen manche Theologen heute metaphysisches Denken und altkirchliche Dogmatik. Könnte das theologische Pathos, mit dem hier Verdammungsurteile gefällt werden, nicht Zeichen einer inneren Unfreiheit sein? Berechtigt wäre freilich der Einwand, dass Vernunft in der Religion nur durchführbar ist, wenn man Rationalität über das hinaus vertieft, was in den Einzelwissenschaften als rational praktiziert wird.

Eine erste Form vertiefter Rationalität ist Metarationalität, d.h. eine Argumentation, die bei theologischen Fragen begründet, warum wir bei einigen Problemen mit den uns vertrauten Formen von Rationalität scheitern. Was sich bei der Erkenntnis von begrenzten Bereichen in unserer Welt bewährt hat, kann bei Versuchen, zur Gesamtrealität eine Beziehung aufzunehmen, unzulänglich sein. Kann es ein Zufall sein, dass wir im Zentrum der Religion Bilder des Scheiterns finden? Passt dazu nicht, dass wir mit unseren metaphysischen Gedanken scheitern? Wenn aber die Gesamtwirklichkeit unsere Bilder und Gedanken scheitern lässt, können wir dann nicht leichter konkurrierende Annäherungsversuche an sie in anderen Religionen akzeptieren?

Eine weitere Form erweiterter Rationalität ist Tiefenrationalität: Immer wieder erkennt man hinter den Bildern und Gedanken der Religion wiederkehrende Grundmotive wie das

---

[110] Nach Bultmann, Neues Testament und Mythologie, 53, ist der eigentliche Sinn der Texte, dass sie Glauben als ein „eschatologisches Phänomen" ermöglichen als einer endgültigen Begegnung mit Gott. Die poetische Deutung des Mythos berührt sich mit dieser theologischen Lesart. Ein ästhetisches oder poetisches Phänomen ist zweckfrei und in sich wertvoll. Daher kann es auch zur Erscheinung dessen werden, was in sich absolut wertvoll ist. Der Unterschied aber ist: Das Kerygma ist unbedingt, Ästhetisches lässt Freiheit, berührt sich aber dadurch mit der modernen Religiosität, die individuell und gegenüber normativer Lenkung resistent geworden ist. Was Bultmann ein eschatologisches Geschehen nennt, würde ich Mystik nennen: die Erfahrung der Gegenwart Gottes.

Motiv der Schöpfung, der Umkehr, des Glaubens. Mit Hilfe dieser geschichtlich geprägten Grundmotive erkennt man eine Tiefenverwandtschaft der Religionen. Was in der Oberfläche verschieden erscheint, lässt in der Tiefe vergleichbare Strukturen erkennen. Hinter den Grundmotiven stößt man dann in einer tieferen Schicht auf Axiome, die generell unser Denken bestimmen:

- das Axiom der Ewigkeit in Geltungsansprüchen, die notwendigerweise für immer gelten;
- das Axiom der Ganzheit, dass wir etwas erst als Teil eines Ganzen verstanden haben;
- das Axiom der Freiheit: Wahrheitsansprüche sind nicht Ergebnis von Determination;
- das Axiom des Grundes: Argumente erfordern Gründe, Ereignisse Ursachen.

Menschen sind diese Axiome meist nicht bewusst, obwohl sie nach ihnen handeln. Nur wenigen ist bewusst, dass man diese Axiome poetisch als einen verschütteten göttlichen Funken in unserem Geist deuten kann.

Eine besondere Form von Rationalität ist ferner *Suchrationalität*: Vieles, was in der religiösen, theologischen und metaphysischen Tradition als allgemeine Aussage über Sachverhalte begegnet, überzeugt nicht, weil es über alles hinausgeht, was wir begründet sagen können, kann aber dennoch als Suchprogramm gerechtfertigt sein. Ob die Wirklichkeit insgesamt sinnvoll ist, mag unbeantwortbar sein. Aber es ist sinnvoll, in ihr nach Sinn zu suchen – ebenso die Erwartung, immer wieder Bestätigungen für diesen Sinn zu finden. Wichtig ist dabei, dass nicht nur unsere subjektive Suche gerechtfertigt ist, sondern auch begrenzte Ergebnisse: Wir finden bei unserer Suche oft etwas, das der objektiven Realität entsprechen kann. Grundmotive und Axiome, die in der Tradition den Anspruch dogmatischer Wahrheit erheben, lassen sich daher in offene Suchprogramme umformulieren.

Das traditionelle Entmythologisierungsprogramm kannte vor allem eine Form erweiterter Rationalität: Existenzrationalität und unterschied dabei zwischen objektiver und existenzieller Wahrheit. Unabhängig von objektiven Bestätigungen unserer Vorstellungen in der außersubjektiven Realität hatte sie damit einen Bereich entdeckt, in denen die Wahrheit eine andere Struktur hat als sonst: Menschliche Existenz im eigentlichen Sinne ist kein vorgegebener Sachverhalt, sondern eine Aufgabe, einen offenen Raum durch Entscheidungen zu füllen und darin die Wahrheit der je eigenen Existenz zu suchen. Wahrheit ist hier vor allem die Übereinstimmung mit sich selbst. Dieses Selbst ist nicht durch die objektive Welt determiniert, sondern entsteht in unseren Entscheidungen. Aber auch hier sucht Übereinstimmung mit sich selbst notwendig nach einer Übereinstimmung mit der Wirklichkeit – zumindest dadurch, dass ihre objektiven Möglichkeiten den Möglichkeiten unserer subjektiven Existenz korrespondieren.

Damit soll nicht behauptet werden, dass das, was wir auf der Ebene einer solchen Meta- und Tiefenrationalität oder als Suchprogramm und Existenzentwurf gefunden haben, Grundlage einer lebendigen Religion oder einer Vereinigung von Religionen sein könnte. Es ist aber schon sehr viel gewonnen, wenn solche Gedanken zur Verständigung zwischen den Religionen und zwischen ihnen und der Religionskritik beitragen. Wir stehen damit in der Nachfolge des Entmythologisierungsprogramms R. Bultmanns aus dem Jahr 1941, das die Frage nach der theologischen Wahrheit religiöser Bilder und Vorstellungen in einer neuen Weise gestellt hat. Entmythologisierung ist Suche nach einer theologischen Wahrheit in Bildern einer lang vergangenen vormodernen Zeit. Sie unterliegt aber denselben Kriterien wie jede Wahrheitssuche.

Wir suchen in der Religion an erster Stelle nach Korrespondenz mit der Gesamtwirklichkeit, wenn wir sie in religiösen (und mythisch gestalteten) Bildern auf Gott zurückführen. Diese Korrespondenz ist nicht nur Entsprechung unserer Erkenntnisse mit einer objektiven Wirklichkeit, sondern Übereinstimmung unserer ganzen Existenz mit einer umgreifenden Gesamtwirklichkeit, eine Übereinstimmung mit Gott. Das Korrespondenzkriterium der Wahrheit ist das wichtigste Kriterium. Es arbeitet in uns als ein Suchprogramm. Immer wieder finden wir teilweise Bestätigung durch Erfahrung und müssen vertrauen, dass es sich auch dort bestätigen kann, wo wir noch keine Erfahrung haben.

Wir suchen in der Religion an zweiter Stelle nach Kohärenz unserer Überzeugungen. Das ist in der Religion eine umfassende Übereinstimmung mit uns selbst: eine Kohärenz unseres Lebens als existenzielle Wahrheit. Die Grundfrage ist hier: Wie können wir als endliche Lebewesen mit Sinn für Unbedingtes, Ewiges und Freiheit, ein authentisches Leben führen, obwohl wir eingebunden sind in Endlichkeit, Versagen und Irrtum? Die Christologie bietet hier ein Modell dafür, wie ein der Endlichkeit unterworfenes Leben mit Gott übereinstimmen kann. Die wichtigste Erkenntnis ist dabei: diese Übereinstimmung ist Geschenk.

Wir suchen in der Religion an dritter Stelle den Konsens mit allen Menschen mit der Vision, dass Menschen spontan der Wahrheit zustimmen. Sie wird in der christlichen Tradition durch das Vertrauen in den Heiligen Geist verkörpert. Er ist die Kraft, Konsens ohne Zwang herbeizuführen. Das wäre die Erfüllung der Vision vom Neuen Bund, die wir Israel und dem Judentum verdanken:

> Siehe, es kommt die Zeit, spricht der Herr, da will ich mit dem Hause Israel und mit dem Hause Juda einen neuen Bund schließen, nicht wie der Bund gewesen ist, den ich mit ihren Vätern schloss, als ich sie bei der Hand nahm, um sie aus Ägyptenland zu führen, mein Bund, den sie gebrochen haben, ob ich gleich ihr Herr war, spricht der Herr; sondern das soll der Bund sein, den ich mit dem Hause Israel schließen will nach dieser Zeit, spricht der Herr: Ich will mein Gesetz in ihr Herz geben und in ihren Sinn schreiben, und sie sollen mein Volk sein, und ich will ihr Gott sein. Und es wird keiner den andern noch ein Bruder den andern leh-

ren und sagen: »Erkenne den Herrn«, denn sie sollen mich alle erkennen, beide, Klein und Groß, spricht der Herr; denn ich will ihnen ihre Missetat vergeben und ihrer Sünde nimmermehr gedenken. (Jer 31,31-34)

Das Entmythologisierungsprogramm Bultmanns, das er in einer Zeit entwarf, als eine von einem inhumanen Geist erfasster Nationalsozialismus und ein von ihm infizierter Nationalprotestantismus sich programmatisch von allem lösen wollte, was wir Israel verdanken, war ein Schritt auf dem Weg zur Realisierung des Neuen Bundes, zu einer Religion, die sich ohne autoritären Zwang durchsetzt, weil einleuchtet, was sie vertritt. Es war eine Suche nach der Wahrheit der biblischen Verkündigung.

Der Begriff Wahrheitssuche enthält in sich einen Vorbehalt. Wir finden nie die absolute Wahrheit. Das gilt für die Suche nach dem historischen Jesus wie für die Deutung des Christusmythos. Historische Erkenntnis gibt keine absolute Gewissheit. Alles könnte immer auch anders sein. Dagegen wollte sich die dialektische Theologie immunisieren, indem sie ihre Gewissheiten nicht auf den historischen Jesus, sondern den kerygmatischen Christus baute. Doch musste sie zumindest voraussetzen, dass Jesus gelebt hat, damit das Kerygma die Welt an einem Punkt berührt. Bekanntlich wird selbst dieses Minimum bezweifelt, auch wenn diese Zweifel m.E. völlig unbegründet sind. Aber noch wichtiger ist: Auch ein Ausgang vom kerygmatischen Christus ist nicht hypothesenfrei: Wie man die Bilder von Präexistenz, Schöpfungsmittlerschaft, Inkarnation, Auferstehung und Erhöhung deuten soll, ist mit Ungewissheit verbunden. Zur historischen Ungewissheit: Was ist wirklich geschehen? kommt nämlich hier eine interpretatorische Ungewissheit. Sie betrifft die mythischen Bilder vom kerygmatischen Christus ebenso wie die Bilder vom irdischen Jesus. Nach drei Jahrhunderten intensiver historischer und interpretatorischer Arbeit am Neuen Testament müssen wir uns eingestehen: Wir besitzen weder absolute historische noch interpretatorische Gewissheit. Wir müssen das endlich als eine Wahrheit akzeptieren, die sich immer wieder bestätigt, und daraus Folgerungen ziehen:

- Wenn letzte Gewissheiten durch Beobachtungen und Argumente nicht zu gewinnen sind, ist das ein Argument für eine Verpflichtung zur *Toleranz* gegenüber abweichenden Positionen: Christen können den Glauben und Unglauben anderer Menschen akzeptieren, wenn sie überzeugt sind: Es gibt plausible Gründe für ihren Glauben, mit denen wir dialogisch um Verständnis bei Andersdenkenden werben können. Aber diese Gründe sind nicht zwingend. Sie lassen Freiheit, von ihnen abzuweichen.
- Wenn Traditionen und Institutionen keine religiöse Gewissheit geben, ist das eine Verpflichtung dazu, in religiösen Fragen *selbstständig* zu entscheiden. Keine Tradition, keine Institution, keine Beobachtungen und Argumente können uns diese Entscheidung abnehmen. Diese Einsicht verdanken wir der Existenzialtheologie. Aber wir müssen unsere Entscheidungen in und außerhalb der Gemeinde *dialogisch* vertreten. Denn unsere Entscheidungen sollten von anderen zumindest soweit nachvollziehbar sein, dass sie respektiert werden können.
- Wenn uns weder Argumente, Traditionen und Institutionen die Entscheidung abnehmen können, basiert sie letztlich in der Evidenz religiöser Erfahrung. Der Pietismus hat das mit Recht betont und ist darin wahrscheinlich moderner, als er selbst meint. Das gilt auch dann, wenn man deutlich kritisieren muss, dass er heute zu oft der Versuchung erliegt, sich antimodernistisch gegen die moderne Welt abzuschirmen. Dagegen hilft die Auseinandersetzung mit dem Erfahrungsschatz anderer Konfessionen und Religionen.
- Wenn wir Traditionen und Erfahrungen überprüfen, empfiehlt es sich, pluralistisch verschiedene theologische Ansätze zu verbinden. Der hier vorgelegte Versuch einer Deutung der Bilderwelt des Neuen Testaments sucht in ihnen *Resonanzerfahrungen*, in denen uns die Gesamtwirklichkeit

unmittelbar ergreift, *Transparenzerfahrungen*, in denen sie gebrochen erscheint und wahrnehmbar wird, und *Worterfahrungen*, in denen sie uns fordert und unbedingt bejaht. Sie vereint liberale, philosophische und kerygmatische theologische Traditionen.

Meine Überlegungen plädieren also für eine Spiritualität aufgrund persönlicher Erfahrung, die im Rahmen vielfältigen Traditionen geprüft und in Gemeinde und Gesellschaft diskutiert werden kann. Für den Glauben ist letztlich religiöse Erfahrung als Kontakt mit Gott entscheidend. Was objektiv Offenbarung ist, ist subjektiv Erfahrung. Dadurch entsteht Gewissheit, die argumentativ und dialogisch vertretbar ist. Rudolf Bultmann war und ist darin ein überzeugendes Vorbild. Sein Entmythologisierungsprogramm ist bis heute ein faszinierendes Programm theologischer Wahrheitssuche. Man wird ihm nur gerecht, wenn man in seinen Spuren die Suche selbständig fortsetzt.